Vera Hewener

AF194912

Weihnachtsklang, Lobgesang

*Deutsche Gedichte und Nachdichtungen
internationaler Weihnachtslieder, Gospels, Spirituals
und deutsche Weihnachtslieder in moselfränkischer Mundart*

Edition Cantabile

Weihnachten feiern Christen auf der ganzen Welt. Ob in Konzerten oder zu Hause unter dem Tannenbaum, nicht nur hierzulande ist das Singen von Weihnachtsliedern eine beliebte Tradition. Jedes Land hat eigene Weihnachtslieder. Wer gerne internationale Weihnachtslieder singen möchte, sucht häufig lange nach einem deutschen Text. Vera Hewener hat zu den bekanntesten Weihnachtsliedern aus Schottland, England, Irland, Russland, Polen, Frankreich und Amerika eigene deutsche Liedgedichte, Nachdichtungen oder Übertragungen verfasst. Viele traditionelle deutschsprachige Weihnachtslieder hat sie in die moselfränkische Mundart übertragen. Die Liedgedichte können alle auf die angegebenen Melodien gesungen werden. Jene Texte, deren Rechte mittlerweile freigegeben, also gemeinfrei sind, finden sich teilweise auch im Originaltext im Buch. Die Gedichte zu den Liedern eignen sich zum Singen, zum Vortragen oder zur besinnlichen Einkehr im Advent.

Vera Hewener, Jahrgang 1955, lebt als freie Schriftstellerin in Püttlingen. Sie hat viele internationale literarische Auszeichnungen erhalten, u.a. „Superpremio Cultura Lombarda" vom Centro Europeo di Cultura Rom (I) 2001, den „Grand Prix Européen de Poésie" von CEPAL Thionville (F) 2005, Trophäe Goethe 2007, zuletzt Wilhelm-Busch-Preis 2017.

-

Vera Hewener

Weihnachtsklang, Lobgesang

*Deutsche Gedichte und Nachdichtungen
internationaler Weihnachtslieder, Gospels, Spirituals
und deutsche Weihnachtslieder in moselfränkischer Mundart*

Edition Cantabile

Die Deutsche Bibliothek verzeichnet diese Publikation in der Deutschen Nationalbibliografie; detaillierte bibliografische Daten sind im Internet abrufbar unter www.http://dnb.dnb.de .

Herstellung und Verlag:
BoD - Books on Demand GmbH
In de Tarpen 42
D- 22848 Norderstedt

Printed in Germany
1. Auflage 2020.
ISBN 9783752606393
10,00 €

Inhaltsverzeichnis

Christmas Carols aus Schottland, England und Irland 9

Auld Lang Syne *10*

Ein Stern leuchtet in Dunkelheit *12*

Hark! The Herald Angels Sing *13*

Hört des Botenengels Ton *14*

The First Nowell *15*

Das erste Weihnachtsfest *17*

What child is this *19*

Wo ist das Kind *20*

Amazing Grace *21*

Wie groß die Gnad *22*

Ein neuer Stern *23*

God rest ye merry gentlemen *24*

Gott schenkt euch Freude allezeit *25*

Joy to the world *26*

Freude der Welt *27*

Ding, dong! Merrily on high *28*

Ding! Dong! Freut euch, ihr seid frei! *29*

The Holy City *30*

Die heilige Stadt *31*

Once In Royal David's City *32*

Einst in König Davids Städtchen *33*

Es weihnachtet im Saarland – Christmas in Killarney *34*

Allmächt'ger Gott – A Londonderry Air *36*

Weihnachtslieder aus Russland und Polen 37

Казачья Колыбельная Песня *38*

Bajushki-baju *40*

Schlaf mein Bübchen *41*

Ein Tannenbäumchen steht im Wald - Jolotschka *42*

Lulajże Jezuniu *43*

Schlafe mein Jesulein *45*

Do szopy, hej, pasterze! *47*

In den Stall Hirten eilet *49*

Gdy śliczna Panna *51*
Die schöne Mutter *52*
Jezus malusieńki *53*
Jesuskindchen muss weinen *54*

Chants de Noël aus Frankreich 55
Cantique de Noël *56*
O Holy Night *57*
Heilige Nacht *58*
Les anges dans nos campagnes *59*
In den Höhen Engel singen *60*
Oh lieber Nikolaus - Petit Papa Noël *61*

Christmas Songs aus Amerika 63
O Little Town of Bethlehem *64*
O kleines Städtchen Bethlehem *66*
Jingle bells *67*
Klinge hell *69*
Wenn es schneit - Let it snow! *71*
Saarbrücker Weihnachtslied - The Christmas Song *72*
Frohes Fest - Have Yourself a Merry Little Christmas *74*
Weihnacht - White Christmas *75*
Glockenklang – Silver Bells *76*
Mirjams Knabe - Mary's Boy Child *77*
Schlittenfahrt – Sleigh Ride *79*

Gospeltexte zu Melodien von Popsongs und Filmmusik 81
Am Christfest *82*
Der Weg *84*
Schutzengel *85*
Dein Paradies *87*
Dies ist mein Land *88*

Gospeltexte zu traditionellen Spirituals 89
Go Down Moses *90*
Gehe Moses *91*
Go tell it on the mountain *92*
Geht, singt es von den Bergen *93*
Joshua Fought The Battle Of Jericho *94*

Joshua focht den Kampf um Jericho 95

Nobody knows the trouble I've seen 96

Niemand das Leid kennt, das ich sah 97

Deutschsprachige Weihnachts- und Kirchenlieder in moselfränkischer Mundart 98

Vom Himmel hoch 99

Vom Himmel hoch 100

Es ist ein Ros entsprungen 101

Än Reesche dat gewaas woa 102

Alle Jahre wieder 103

Jed Joa imma widda 104

Ave Maria zart 105

Awe Maria zaat 106

Süßer die Glocken nie klingen 107

Scheena de Glocken nit klingen 108

Fröhliche Weihnacht überall 109

Iwarall is Weihnacht, freien eich 110

O du fröhliche 111

O dau bischt so freelich 112

O Tannenbaum 113

Oh Tannenbòòm 114

Stille Nacht, heilige Nacht 115

Stille Naat, häälisch Naat 116

Tauet, Himmel, den Gerechten! 117

Tau uff Himmel den Gerechten! 118

Still, still, still 119

Rou, Rou, Rou 120

Es wird scho glei dumpa 121

It gift jò gleich dunkel 123

Heidschi Bumbeidschi 125

Heidschi Bumbeidschi 126

It is foa us än Zeit lòhea kumm 127

Bücher von Vera Hewener 128

Liebe Leserinnen und Leser,

Weihnachtlieder, d.h. die Gedichte, die der Musik zugrunde liegen oder auf sie geschrieben wurden, aus einem anderen Sprachraum ins Deutsche zu übertragen bedeutet, den Inhalt entsprechend wiederzugeben und im Idealfall auch den Sprachklang und die Volksseele des Textes aufzunehmen. Die Lieder, die gemeinfrei sind, d.h. bei denen das Urheberrecht erloschen ist, habe ich so weit wie möglich übersetzt oder nachgedichtet. Für die neueren Lieder, deren Urheberrecht noch nicht erloschen ist, habe ich einen freien deutschen Text zur Melodie verfasst. Ich wünsche und hoffe für Sie, dass Sie die Lieder finden, die Sie gerne singen möchten und viel Freude damit haben. Feiern Sie Ihr schönstes Weihnachtsfest, wo immer Sie auch sind und leben.

Ihre Vera Hewener

Christmas Carols aus Schottland, England und Irland

Melodie: Volksweise aus Schottland Originaltext: Robert Burns 1788

Auld Lang Syne

Should auld acquaintance be forgot,
and never brought to mind?
Should auld acquaintance be forgot,
and auld lang syne!

For auld lang syne, my jo,
for auld lang syne.
We'll tak a cup o' kindness yet,
for auld lang syne.

And surely ye'll be your pint stoup!
And surely I'll be mine!
And we'll tak a cup o'kindness yet,
for auld lang syne.

For auld lang syne, my jo,
for auld lang syne.
We'll tak a cup o' kindness yet,
for auld lang syne.

We twa hae run about the braes,
and pou'd the gowans fine;
but we've wander'd mony a weary fit,
sin' auld lang syne.

For auld lang syne, my jo,
for auld lang syne.
We'll tak a cup o' kindness yet,
for auld lang syne.

We twa hae paidl'd in the burn,
frae morning sun till dine;

but seas between us braid hae roar'd,
sin' auld lang syne.

For auld lang syne, my jo,
for auld lang syne.
We'll tak a cup o' kindness yet,
for auld lang syne.

And there's a hand, my trusty fiere!
And gie's a hand o'thine!
And we'll tak' a right gude-willie waught,
for auld lang syne.

For auld lang syne, my jo,
for auld lang syne.
We'll tak a cup o' kindness yet,
for auld lang syne.

Ein Stern leuchtet in Dunkelheit

Ein Stern leuchtet in Dunkelheit,
weist einen Weg zu dir.
Er leuchtet bis in Ewigkeit,
bis an die Himmelstür.

Von Herz zu Herz die Freude siegt,
es strahlt ein heller Schein,
das Jesuskind im Stall dort liegt,
lädt uns zum Leben ein.

Sein Licht erzählt von einer Nacht,
geboren ward der Christ,
der Herr der Herrlichkeit uns wacht,
der nicht mit Sünden misst,

Von Herz zu Herz die Freude siegt...

Ein Gott, der Erd und Himmel schuf,
erlöste uns're Welt,
vom Himmel hallt der Engel Ruf
den Hirten auf dem Feld.

Von Herz zu Herz die Freude siegt...

So lasst uns alle weitergehn,
nach Bethlehem uns ziehn,
das Christuskind uns anzusehn,
uns vor ihm niederknien.

Von Herz zu Herz die Freude siegt...

Englisches Weihnachtslied Melodie: Felix Mendelssohn-Bartholdy
Originaltext: Charles Wesley, 1739

Hark! The Herald Angels Sing

Hark the herald angels sing:
"Glory to the newborn King!
Peace on earth and mercy mild,
God and sinners reconciled."
Joyful, all ye nations rise.
Join the triumph of the skies.
With the angelic host proclaim:
"Christ is born in Bethlehem."
Hark! The herald angels sing:
"Glory to the newborn King!"

Christ, by highest heav'n adored,
Christ, the everlasting Lord:
late in time, behold him come,
offspring of a virgin's womb.
Veiled in flesh the God-head see,
hail th'incarnate Deity!
Pleased as man with men to dwell,
Jesus, our Immanuel.
Hark the herald angels sing:
"Glory to the new-born King!"

Hail the heav'n born Prince of Peace!
Hail! The Son of righteousness!
Light and life to all he brings,
ris'n with healing in his wings.
Mild he lays his glory by,
born that man no more may die.
Born to raise the sons of earth,
born to give them second birth.
Hark the herald angels sing:
"Glory to the newborn King!"

Hört des Botenengels Ton

Hört des Botenengels Ton:
Preist den neugebor'nen Sohn!
Fried auf Erd', voll Gnad befreit.
Gott die Sünden uns verzeiht.
Freudvoll alle Völker weist,
Sieg des Himmels uns umkreist.
Engel künden uns von dem
Christ gebor'n in Bethlehem.
Hört des Botenengels Ton:
Preist den neugebornen Sohn!

Christus wirft das Himmelslot,
Christus, allerhöchster Gott.
Aus der Zeit er zu uns kommt,
Retter, der uns allen frommt.
Herr, der Mensch geworden ist,
Heil dem neu gebor'nen Christ.
sein Kreuz macht das Leben hell,
Jesus, der Emanuel.
Hört des Botenengels Ton:
Preist den neugebornen Sohn!

Heil des Himmels, Friedefürst,
Heil, Gerechtigkeit uns dürst!
Licht und Leben er uns bringt,
Heilung wenn sein Flügel schwingt.
Er leiht uns den Glorienschein,
kein Mensch stirbt mehr, er wird sein!
Für die Menschen er gebor'n,
schenkt im Tod den Lebenssporn.
Hört des Botenengels Ton:
Preist den neu gebor'nen Sohn!

Melodie: Traditionelles englisches Weihnachtslied aus Cornwall, 1823
veröffentlicht Originaltext: Verfasser unbekannt

The First Nowell

The first Nowell the angel did say
was to certain poor shepherds in fields as they lay;
in fields as they lay, keeping their sheep,
on a cold winter's night that was so deep.
Nowell, Nowell, Nowell, Nowell,
Born is the King of Israel.

They looked up and saw a star
shining in the east, beyond them far,
and to the earth it gave great light,
and so it continued both day and night.
Nowell, Nowell, Nowell, Nowell,
born is the King of Israel.

And by the light of that same star
three wise men came from country far;
to seek for a King was their intent,
and to follow the star whersoever it went.
Nowell, Nowell, Nowell, Nowell,
born is the King of Israel.

This star drew nigh to the northwest,
o'er Bethlehem it took its rest,
and there it did both stop and stay
right over the place where Jesus lay.
Nowell, Nowell, Nowell, Nowell,
born is the King of Israel.

Then entered in those wise men three
full reverently upon their knee
and offered there in his presence

their gold, and myrrh, and frankincense.
Nowell, Nowell, Nowell, Nowell,
born is the King of Israel.

Then let us all with one accord
sing praises to our heavenly Lord;
that hath made heaven and earth of nought,
and with his blood mankind hath bought.
Nowell, Nowell, Nowell, Nowell,
born is the King of Israel.

Das erste Weihnachtsfest

Das Weihnachtsfest, der Engel spricht,
brachte zuerst den Hirten das Licht.
Sie lagen allein bei den Schafen im Feld,
oh wie kalt Winters Nacht, oh wie dunkel die Welt.
Jubel, Jubel, Jubel, Jubel,
gebor'n ist der König von Israel.

Sie sahen das Licht, einen leuchtenden Stern
schien hoch im Osten am Himmel so fern,
die Erde erstrahlte so leuchtend, so hell,
tagein und tagaus, eine Lichterquell'.
Jubel, Jubel, Jubel, Jubel,
gebor'n ist der König von Israel.

Des Sternes Licht, sein weiter Schein,
fiel bei drei Weisen im Morgenland ein.
Sie brachen auf, um den König zu sehn.
Wo auch immer der Stern, dorthin wollten sie gehn.
Jubel, Jubel, Jubel, Jubel,
gebor'n ist der König von Israel.

Der Stern zog nach Nordwesten hin ins Land,
bis er schließlich über Bethlehem stand.
Da hielt er an und zog nicht mehr fort,
stand hoch über'm Stall, denn Jesus lag dort.
Jubel, Jubel, Jubel, Jubel,
gebor'n ist der König von Israel.

Sie traten ein, ergriffen wie nie
und fielen voll Ehrfurcht auf die Knie.
Sie opferten Weihrauch, Myrrhe und Gold.
Das Kind lag im Stroh und lächelte hold.
Jubel, Jubel, Jubel, Jubel,
gebor'n ist der König von Israel.

Lobsinget dem Herrn, er stieg vom Thron,
lasst uns preisen und jubeln dem himmlischen Sohn.
Aus dem Nichts er Himmel und Erde schuf,
mit Blut uns erlöst, wir folgen dem Ruf.
Jubel, Jubel, Jubel, Jubel,
gebor'n ist der König von Israel.

Melodie: „Greensleeves" Englische Volksmelodie, 1580 veröffentlicht
Weihnachtstext: William Chatterton Dix, 1865

What child is this

What Child is this who, laid to rest
on Mary's lap is sleeping?
Whom angels greet with anthems sweet,
while shepherds watch are keeping?
This, this is Christ the King,
whom shepherds guard and angels sing;
haste, haste, to bring Him laud,
the Babe, the Son of Mary.

Why lies He in such mean estate,
where ox and ass are feeding?
Good Christians, fear, for sinners here
the silent Word is pleading.
Nails, spear shall pierce Him through,
the cross be borne for me, for you.
Hail, hail the Word made flesh,
the Babe, the Son of Mary.

So bring Him incense, gold and myrrh,
come peasant, king to own Him;
the King of kings salvation brings,
let loving hearts enthrone Him.
Raise, raise a song on high,
the virgin sings her lullaby.
Joy, joy for Christ is born,
the Babe, the Son of Mary.

Wo ist das Kind

Wo ist das Kind der Christenheit?
Wo schläft es? Dort im Himmel.
Der Engelchor sang süßes Lied
den Hirten im Schafgetümmel.
Dies, dies ist Gott der Herr,
der Hirten Wacht, der Engel Ton,
preist, preist und singt ihm laut,
dem Kind, dem Sohn Marias.

Warum liegt es im kalten Stall,
wo Ochs und Esel speisen?
Der Christen Heil, der Sünder Trost
das stille Wort soll weisen.
Ihn wird der Speer durchbohr'n,
das Kreuz trägt er für dich, für mich.
Heil, Heil, das Wort ward Fleisch,
das Kind, der Sohn Marias.

So bringt ihm Weihrauch, Gold und Myrrh'
kommt her, seit ihm zu eigen.
Den König aller Könige preist,
den Thron der Lieb' zu besteigen.
Ehr, Ehre Gott in der Höh',
die Jungfrau singt und wiegt das Kind.
Freut, freut euch, Christ ist geborn,
das Kind, der Sohn Marias.

Melodie: New Britain, 1831 veröffentlicht, Text: John Newton, 1779

Amazing Grace

Amazing grace! How sweet the sound
that sav'd a wretch like me!
I once was lost, but now am found,
was blind, but now I see.

T'was grace that taught my heart to fear,
and grace my fears reliev'd;
how precious did that grace appear
the hour I first believ'd!

Thro' many dangers, toils, and snares,
I have already come;
'tis grace hath brought me safe thus far,
and grace will lead me home.

The Lord has promis'd good to me,
his word my hope secures;
he will my shield and portion be
as long as life endures.

Yes, when this flesh and heart shall fail,
and mortal life shall cease;
I shall possess, within the veil,
a life of joy and peace.

The earth shall soon dissolve like snow,
the sun forbear to shine;
but God, who call'd me here below,
will be forever mine.

Wie groß die Gnad

Wie groß die Gnad, wie süß das Horn,
das mich errettet hat.
Bis ich dich fand, schien ich verlorn,
dein Licht die Welt betrat.

Wie weit der Weg, wie groß die Angst,
wie kostbar deine Gnad,
mit der du um mein Leben bangst,
dein Heil, Erlösung naht.

Die Engel künden auf dem Feld
Gott stieg herab vom Thron,
trägt Christus Liebe in die Welt
auf ewig Gottes Sohn.

Das Fleisch vergeht, die Seele lebt,
das Land zerfällt wie Schnee.
Mein Alles nur zu dir hin strebt,
kein Leid kennt und kein Weh.

Wenn du mich rufst, zu folgen dir
in eine andre Zeit,
kehr ich voll Freude heim zu dir,
zu dir in Ewigkeit.

Weihnachtsfassung

Ein neuer Stern

Erwacht ist uns ein neuer Stern,
bringt Frieden uns und Heil,
dass alle Menschen glücklich sind,
sich freu'n in nah und fern.

Ihr Menschen seid nun frohgestimmt,
ein jeder auf der Welt.
Der findet, der den Höchsten sucht,
er, der die Angst uns nimmt,

So lasst uns danken Dir, oh Herr,
dein Stern wird nie vergehn,
für Deine Liebe in der Not,
bis wir uns wiedersehn.

Melodie: englische Volksweise, 1833 veröffentlicht
Originaltext: Verfasser unbekannt

God rest ye merry gentlemen

God rest you merry, gentlemen, let nothing you dismay,
for Jesus Christ our Saviour was born upon this day.
To save us all from Satan's power when were gone astray.
O tidings of comfort and joy,
comfort and joy.
O tidings of comfort and joy.

From God our Heavenly Father a blessed Angel came;
and unto certain Shepherds brought tidings of the same:
How that in Bethlehem was born the Son of God by Name.
O tidings of comfort and joy...

The shepherds at those tidings rejoiced much in mind,
and left their flocks a-feeding in tempest, storm and wind.
And went to Bethlehem straightway this blessed Babe to find.
O tidings of comfort and joy...

But when to Bethlehem they came where at this Infant lay,
they found Him in a manger, where oxen feed on hay.
His Mother Mary kneeling, unto the Lord did pray.
O tidings of comfort and joy...

Now to the Lord sing praises, all you within this place,
and with true love and brotherhood each other now embrace.
This holy tide of Christmas all other doth deface.
O tidings of comfort and joy...

Gott schenkt euch Freude allezeit

Gott schenkt euch Freude allezeit, lässt keinen ungetröst',
denn Jesus Christus ward geborn, der Retter uns erlöst.
Zu schützen uns vor Satans Macht, wenn Böses er einflösst.
Oh hört diese Botschaft voll Freud,
Trost und Freud.
Oh hört diese Botschaft voll Freud.

Gott, Vater, himmlischer Regent, dein sel'ger Engel kam
zu jenen Hirten auf dem Feld, die Botschaft man vernahm,
dass dort in Bethlehem gebor'n daselbst Gott ohne Scham.
Oh hört diese Botschaft voll Freud...

Den Hirten hat die frohe Kund das Herz erfüllt mit Freud.
Sie trotzten Nebel, Wind und Sturm, sie haben nichts gescheut.
Sie wendeten nach Bethlehem, suchten das heil'ge Kind.
Oh hört diese Botschaft voll Freud...

Sie gingen hin nach Bethlehem, dort wo das Kindchen lag,
fanden die Krippe mitten im Esels- und Ochsverschlag.
Maria, seine Mutter kniet und betete ohn' Klag.
Oh hört diese Botschaft voll Freud...

Nun singt dem Herrn und preiset ihn, die ihr versammelt seid,
mit wahrer Liebe, brüderlich, umarmt euch, denn ihr teilt
die frohe Botschaft: Weihnacht ist's, vergessen ist das Leid.
Oh hört diese Botschaft voll Freud...

Melodie: Lowell Mason 1836, Georg Friedrich Hänndel 1833
Originaltext: Isaac Watts 1719

Joy to the world

Joy to the world, the Lord is come!
Let earth receive her King;
let every heart prepare Him room,
and heaven and nature sing,
and heaven and nature sing,
and heaven, and heaven, and nature sing.

Joy to the earth, the Savior reigns!
Let men their songs employ;
while fields and floods, rocks, hills and plains
repeat the sounding joy,
repeat the sounding joy,
repeat, repeat, the sounding joy.

No more let sins and sorrows grow,
nor thorns infest the ground;
he comes to make His blessings flow
far as the curse is found,
far as the curse is found,
far as, far as, the curse is found.

He rules the world with truth and grace,
and makes the nations prove.
The glories of His righteousness,
and wonders of His love,
and wonders of His love,
and wonders, wonders, of His love.

Freude der Welt

Freude der Welt, Gott zu uns kommt!
Den König sie empfing!
Bereite Raum und Herz ihm prompt.
Himmel und Erdkreis sing,
Himmel und Erdkreis sing,
und Himmel und Himmel und Erdkreis sing.

Freude der Erd, Heilands Choral,
oh Völker preist ihn all!
In Feld und Flur, Fels, Berg und Tal
erklingt der Freudenschall,
erklingt der Freudenschall,
erklingt, erklingt der Freudenschall.

Sünde und Sorgen fielen ab,
kein Zorn die Erd' befällt.
Er kam und uns den Segen gab,
von Unheil frei die Welt,
von Unheil frei die Welt,
von Unheil, von Unheil frei die Welt.

Herrscher der Welt mit Recht und Gnad,
erkennt alle Nation,
ein Glorienschein die Ruhmestat,
der Liebeswunder Lohn,
der Liebeswunder Lohn,
der Liebe, der Liebeswunder Lohn.

Englisches Weihnachtslied Melodie: Französischer Tanz, 16. Jhd.
Text: George Raatcliffe Woodeward

Ding, dong! Merrily on high

Ding! dong! merrily on high.
In heav'n the bells are ringing:
Ding dong! verily the sky.
Is riv'n with Angel singing.

Gloria,
Hosanna in excelsis!
Gloria,
Hosanna in excelsis!

E'en so here below, below,
Let steeple bells be swungen,
And „Io, io, io!"
By priest and people sungen.

Gloria,
Hosanna in excelsis!
Gloria,
Hosanna in excelsis!

Pray you, dutifully prime
Your matin chime, ye ringers;
May you beautifully rime
Your evetime song, ye singers.

Gloria,
Hosanna in excelsis!
Gloria,
Hosanna in excelsis!

Ding! Dong! Freut euch, ihr seid frei!

Ding! Dong! Freut euch, ihr seid frei!
im Himmel Glocken klingen.
Ding! Dong! Kommt alle herbei,
die Engelchöre singen.
Gloria, hosanna in excelsis!
Gloria, hosanna in excelsis!

Stimmt mit ein in das Credo,
lasst Kirchenglocken schallen,
singet alle mit, seid froh,
zum Himmel soll es hallen.
Gloria, hosanna in excelsis!
Gloria, hosanna in excelsis!

Singt den allerschönsten Reim,
hört hin, die Glocken läuten.
Christus kommt in euer Heim,
will Freude euch bedeuten.
Gloria, hosanna in excelsis!
Gloria, hosanna in excelsis!

Religiöse viktorianische Ballade Muik: Stephen Adams (Michael Maybrick) 1892   Originaltext: Frederick E. Weatherly

The Holy City

Last night I lay a sleeping, there came a dream so fair,
I stood in old Jerusalem beside the temple there.
I heard the children singing, and ever as they sang,
methought the voice of Angels from Heav'n in answer rang;
methought the voice of Angels from Heav'n in answer rang.

Jerusalem! Jerusalem! Lift up your gates and sing.
Hosanna in the highest! Hosanna to your King!

And then methought my dream was chang'd, the streets no
longer rang.
Hush'd were the glad Hosannas the little children sang.
The sun grew dark with mystery, the morn was cold and chill,
as the shadow of a cross arose Upon a lonely hill,
as the shadow of a cross arose Upon a lonely hill.

Jerusalem! Jerusalem! Hark! how the Angels sing,
Hosanna in the highest, Hosanna to your King.

And once again the scene was chang'd, new earth there seem'd to be,
I saw the Holy City beside the tideless sea;
the light of God was on its streets, the gates were open wide,
And all who would might enter, and no one was denied.
No need of moon or stars by night, or sun to shine by day.

"Jerusalem! Jerusalem! Sing, for the night is o'er!
Hosanna in the highest, Hosanna for evermore!
Hosanna in the highest, Hosanna for evermore!

Die heilige Stadt

Die letzte Nacht im Schlafe hab ich geträumt, ich wär
im alten Teil Jerusalems, am Tempel ging ich her.
Ich hörte Kinderstimmen und jede sang so klar,
dass Engels Stimme widerklang vom Himmel wunderbar,
dass Engels Stimme widerklang vom Himmel wunderbar.

Jerusalem! Jerusalem! Mach die Tore auf und sing!
Hosanna in der Höhe! Hosanna für den König kling!

Dann schien der Traum verwandelt, verändert war die Stadt,
die Straßen leer und einsam, kein Kind ein Lied mehr hat!
Die Sonne war verdunkelt, der Morgen kalt und schrill,
ein Kreuz stand auf dem Hügel im Schatten totenstill,
ein Kreuz stand auf dem Hügel im Schatten totenstill.

Jerusalem! Jerusalem! Höre der Engel Klang.
Hosanna in der Höhe! Hosanna, der König mit sich rang!

Noch einmal wechselte das Bild, die Welt in Seligkeit.
Ich sah die heilge Stadt vor mir am See der Ewigkeit.
Die Tore voller Gottes Licht, das durch die Straßen scheint.
Sterne und Mond bei Tag und Nacht im Himmelsglanz vereint.
Sterne und Mond bei Tag und Nacht im Himmelsglanz vereint.

Jerusalem, Jerusalem! Verkünde es weit und breit.
Hosanna in der Höhe! Hosanna in Ewigkeit!

Melodie: H.J. Gauntlett, Irland 1849, T: Cecil Humphreys 1848

Once In Royal David's City

Once in royal David's city
stood a lowly cattle shed,
where a mother laid her Baby
in a manger for His bed:
Mary was that mother mild,
Jesus Christ her little Child.

He came down to earth from heaven,
who is God and Lord of all,
and His shelter was a stable,
and His cradle was a stall;
with the poor, and mean, and lowly,
lived on earth our Saviour holy.

And our eyes at last shall see Him,
through His own redeeming love;
for that Child so dear and gentle
is our Lord in heaven above,
and He leads His children on
to the place where He is gone.

Einst in König Davids Städtchen

Einst in König Davids Städtchen
stand ein kleiner Rinderstall,
wo die Mutter legt ihr Kind ins
Bett, es war ein Kripplein schmal.
Mirjam war die Mutter lind,
Jesus Christ ihr kleines Kind.

Aus dem Himmel kam er zu uns nieder,
Herr der Herrscher, Gottes Sohn.
Seine Zuflucht war eine Hütte,
Stroh die Wiege, war der Thron.
Mit den Armen, schwach des Tuns,
lebt der Retter unter uns.

Seine Kindheit war wie unser Leben,
Tag für Tag wuchs er heran.
Er war klein und zart und hilflos,
lachte, weinte wie jedes Kind es kann.
Und er fühlte unser Leid,
teilt mit uns die Fröhlichkeit.

Melodie: „Christmas in Killarney" Irisch-amerikanisches Lied von Frank Weldon, James Cavanaugh und John Redmond 1950

Es weihnachtet im Saarland – Christmas in Killarney

Im Tannenwald die Flocken wehn,
das hübscheste Bild, das du je geseh'n.
Es weihnachtet im Saarland,
wir feiern das Fest zu Haus.

Die Lichter glühn, die Kerzen sprüh'n,
an Ständen es duftet, Kastanien brüh'n.
Es weihnachtet im Saarland,
wir feiern das Fest zu Haus.

Das rote Rentier Rudolf
am Himmel zieht vorbei,
und Nikolaus vorm Himmelstor
liest die Geschichte vor.

Das Herz wird leicht, das Licht ihm gleicht.
Wir feiern die Freude, die uns erreicht
und reichen die Hände zum Freundesgruß,
wir halten Festtagsschmaus.
Es weihnachtet im Saarland,
wir feiern das Fest zu Haus.

Am Weihnachtsmarkt die Händler stehn,
den hübschesten Tand, den du je geseh'n.
Es weihnachtet im Saarland,
wir feiern das Fest zu Haus.

Wie schön es ist, wenn man sich küsst,
du unter dem Mistelzweig glücklich bist.

Es weihnachtet im Saarland,
wir feiern das Fest zu Haus.

Und vor der großen Krippe
die Kinder staunend stehn.
Und Ochs und Esel bläst ins Ohr
laut der Posaunenchor.

Und alles singt, der Chor erklingt,
die Freude in jedem Gesang mitschwingt.
Wir reichen die Hände zum Freundesgruß
und halten Festtagsschmaus.
Es weihnachtet im Saarland,
wir feiern das Fest zu Haus.

An Heiligabend ist's soweit,
wir stehen zu Haue im Festtagskleid.
Es weihnachtet im Saarland,
wir feiern das Fest zu Haus.

Dann wird es still, ein Glöckchen klingt,
ein Kind wie ein Engel die Lieder singt.
Es weihnachtet im Saarland,
wir feiern das Fest zu Haus.

Die Tür ist immer offen,
die Nachbarn klopfen an.
Sie feiern mit und Onkel Pitt
beglückt uns mit Gesang.

Ein Freudentanz im Lichterglanz.
Wir finden zusammen, du fühlst es ganz.
Wir reichen die Hände zum Freundesgruß
und halten Festtagsschmaus.
Es weihnachtet im Saarland,
wir feiern das Fest zu Haus.

Allmächt'ger Gott – A Londonderry Air

Allmächt'ger Gott, die Engelsstimmen rufen,
von Tal zu Tal, vom Gipfel weit und breit.
Bist du bei mir, erklimme ich die Stufen,
vom Anbeginn bis in die Ewigkeit.

Bist du bei mir, wird es mir an nichts fehlen,
was kommen mag, dein Licht scheint immerfort.
Du bist die Liebe, Hüter aller Seelen,
du bist das Heil der Welt und aller Menschen Hort.

Allmächt'ger Gott, bis ich dereinst muss scheiden,
schenk mir die Kraft der Liebe für und für,
lass mich im Gras, im Gras des Lebens weiden.
Dein Himmelreich leuchtet den Weg, den Weg auch mir.

Lass mich zu dir ins Paradies der Güte,
mein Herz sehnt sich zu dir nur immerzu.
Du bist das Licht, du bist des Lebens Blüte.
bist meine Zuversicht, mein Frieden, meine Ruh.

Weihnachtslieder aus Russland und Polen

Melodie: Russische Volksmelodie Originalgedicht: „Kosakisches Wiegenlied" von Michail Lermontow 1838

Михаил Юрьевич Лермонтов

Казачья Колыбельная Песня

Спи, младенец мой прекрасный, Баюшки-баю.
Тихо смотрит месяц ясный В колыбель твою.
Стану сказывать я сказки, Песенку спою;
Ты ж дремли, закрывши глазки, Баюшки-баю.

По камням струится Терек, Плещет мутный вал;
Злой чечен ползет на берег, Точит свой кинжал;
Но отец твой старый воин, Закален в бою:
Спи, малютка, будь спокоен, Баюшки-баю.

Сам узнаешь, будет время, Бранное житье;
Смело вденешь ногу в стремя И возьмешь ружье.
Я седельце боевое Шелком разошью...
Спи, дитя мое родное, Баюшки-баю.

Богатырь ты будешь с виду И казак душой.
Провожать тебя я выйду — Ты махнешь рукой...
Сколько горьких слез украдкой Я в ту ночь
пролью!..
Спи, мой ангел, тихо, сладко, Баюшки-баю.

Стану я тоской томиться, Безутешно ждать;
Стану целый день молиться, По ночам гадать;
Стану думать, что скучаешь Ты в чужом краю...
Спи ж, пока забот не знаешь, Баюшки-баю.

Дам тебе я на дорогу Образок святой:
Ты его, моляся богу, Ставь перед собой;
Да, готовясь в бой опасный, Помни мать свою...
Спи, младенец мой прекрасный, Баюшки-баю

Mikhail Yur'yevich Lermontov (1814 - 1841)

Bajushki-baju

Spi, mladenec moj prekrasnyj, Bajushki-baju.
Tikho smotrit mesjac jasnyj V kolybel' tvoju.
Stanu skazyvat' ja skazki, Pesenku spoju;
Ty zh dremli, zakryvshi glazki, Bajushki-baju.

Po kamnjam struitsja Terek, Pleshchet mutnyj val;
Zloj chechen polzjot na bereg, Tochit svoj kinzhal;
No otec tvoj staryj voin, Zakaljon v boju:
Spi, maljutka, bud' spokojen, Bajushki-baju.

Sam uznajesh', budet vremja, Brannoje zhit'jo;
Smelo vdenesh' nogu v stremja I voz'mesh' ruzh'jo.
Ja sedel'ce bojevoje Shjolkom razosh'ju...
Spi, ditja mojo rodnoje, Bajushki-baju.

Bogatyr' ty budesh' s vidu I kazak dushoj.
Provozhat' tebja ja vyjdu, -- Ty makhnjosh' rukoj...
Skol'ko gor'kikh sljoz ukradkoj, Ja v tu noch' prol'ju...
Spi, moj angel, tikho, sladko, Bajushki-baju.

Stanu ja toskoj tomit'sja, Bezuteshno zhdat';
Stanu celyj den' molit'sja, Po nocham gadat';
Stanu dumat', chto skuchajesh' Ty v chuzhom kraju...
Spi zh, poka zabot ne znajesh', Bajushki-baju.

Dam tebe ja na dorogu Obrazok svjatoj:
Ty jego, moljasja bogu, Stav' pered soboj;
Da gotovjas' v boj opasnyj, Pomni mat' svoju...
Spi, mladenec moj prekrasnyj, Bajushki-baju.

Schlaf mein Bübchen

Schlaf mein Bübchen, Allerschönster, Bajuschki Baju.
Mondschein fällt in deine Wiege, deckt dich leise zu.
Ich will Märchen dir erzählen, singen dir zur Ruh,
schließ die Augen nur und schlummre, Bajuschki Baju.

Über Steine fließt der Terek, Wellen werden trüb,
ein Tschetschene wetzt das Messer, dort ans Ufer stieg.
Doch dein Vater ist ein Kämpfer, schützt dich immerzu.
Schlaf mein Bübchen, Allerschönster, Bajuschki Baju.

Einmal kommt die Zeit der Kämpfe, die das Leben bringt.
Stemm den Fuß in Rosses Bügel, dass es vorwärts springt.
Nähen werde ich aus Seide deinen Sattel fein.
Schlaf mein Bübchen, lieber Kleiner, schlaf nur friedlich ein.

Auch du wirst ein großer Held sein, ein Kosak mit Herz.
Laufen werd ich, dich begleiten mit der Mutter Schmerz.
Bittre Tränen, ungezählte, wein ich in der Nacht.
Schlaf mein Engel, sanft und zärtlich, deiner Mutter Pracht.

Bang vor Sehnsucht werd ich warten, trostlos ohne Macht.
Beten werd ich, lege Karten, dass das Schicksal wacht.
Deine Sorgen in den Augen, fern im fremden Land.
Schlaf mein Bübchen, schlaf solange sie dir unbekannt.

Kleines Heil'genbild geb ich dir mit auf deinem Weg.
Bete still, dass Gottes Aug sich immer auf dich leg.
Wenn du reitest in Gefahren winke ich dir zu.
Schlaf mein Bübchen, Allerschönster, Bajuschki Baju.

Russisches Weihnachtslied Melodie: Karl Leonidowitsch Beckmann 1905
Originaltext: „Jolotchka" von Raisa Kudaschewa

Ein Tannenbäumchen steht im Wald - Jolotschka

Ein Tannenbäumchen wuchs im Wald,
gebor'n im grünen Kleid,
wuchs auf so schlank und immergrün,
Sommer- und Winterzeit.

Der Schneesturm sang ein Liedchen vor:
„Schlaf Tannenbäumchen, schlaf!"
Der Frost sich über Nacht verlor.
„Frier nicht, schlaf ein, sei brav."

Ein graues Häschen ängstlich hüpft
unter den Tannenbaum.
Schon lief der böse Wolf vorbei,
sucht es am Waldessaum.

Im dichten Wald knirscht Schnee, es quietscht,
die Schlittenkufen stehn.
Das Pferd im Zottelfell fest zieht,
dann kann es weitergehn.

Im Schlitten sitzt ein alter Mann
und treibt das Pferdchen an.
Dann steigt er aus und fällt den Baum,
die kleine schlanke Tann.

Jetzt steht das Tannenbäumchen hier,
geschmückt zum frohen Fest,
und alle Kinder freuen sich,
dass es sich feiern lässt.

Originaltext und Musik: Polnische Volksweise, 17. Jhd. Verf. unbek.

Lulajże Jezuniu

Lulajże Jezuniu moja perełko
Lulaj ulubione me pieścidełko.
Lulajże Jezuniu lulajże lulaj,
A ty go Matuniu w płaczu utulaj.

Zamknijże zmrużone płaczem powieczki,
Utulże zemdlone łkaniem wardżeczki.
Lulajże Jezuniu lulajże lulaj,
A ty go Matuniu w płaczu utulaj.

Dam ja Jezusowi słodkich jagodek,
Pójdę z nim w Matuli serca ogródek.
Lulajże Jezuniu lulajże lulaj,
A ty go Matuniu w płaczu utulaj.

Dam ja Jezusowi z chlebem masełka,
Włożę ja kukiełkę w jego jasełka.
Lulajże Jezuniu lulajże lulaj,
A ty go Matuniu w płaczu utulaj.

Lulajże piękniuchny mój Aniołeczku,
Lulajże wdzięczniuchny świata kwiateczku.
Lulajże Jezuniu lulajże lulaj,
A ty go Matuniu w płaczu utulaj.

Lulajże różyczko najozdobniejsza,
Lulajże lilijko najprzyjemniejsza,
Lulajże Jezuniu lulajże lulaj,
A ty go Matuniu w płaczu utulaj.

Dam ja ci słodkiego Jezu cukierku,

Rodzenków, migdałów co mam w pudełku.
Lulajże Jezuniu lulajże lulaj,
A ty go Matuniu w płaczu utulaj.

Lulajże przyjemna oczom gwiazdeczko,
Lulaj najśliczniejsze świata słoneczko.
Lulajże Jezuniu lulajże lulaj,
A ty go Matuniu w płaczu utulaj.

Dam ja maleńkiemu piękne jabłuszko,
Matki ukochanej dam mu serduszko.
Lulajże Jezuniu lulajże lulaj,
A ty go Matuniu w płaczu utulaj.

Cyt, cyt, cyt, zasypia małe dzieciątko,
Oto już zasnęło niby kurczątko.
Lulajże Jezuniu lulajże lulaj,
A ty go Matuniu w płaczu utulaj.

Cyt, cyt, cyt, wszyscy się spać zabierajcie,
Mojego dzieciątka nie przebudzajcie.
Lulajże Jezuniu lulajże lulaj,
A ty go Matuniu w płaczu utulaj.

Schlafe mein Jesulein

Schlafe mein Jesulein, Perlchen, mein Kleiner.
Schlafe mein liebstes Kind, schlaf ein, mein Einer.
Schlafe mein Jesulein, schlafe ein Schläfchen.
Mütterlein trocknet dir all deine Tränchen.

Schließ deine Äugelein, sind schwer vom Weinen,
schließ deine Lippchen zu, wie müd sie scheinen.
Schlafe mein Jesulein, schlafe ein Schläfchen.
Mütterlein trocknet dir all deine Tränchen.

Waldbeeren, süß und fein, Jesus werd bringen,
mit ihm in Mutters Herzgärtchen wir gingen.
Schlafe mein Jesulein, schlafe ein Schläfchen.
Mütterlein trocknet dir all deine Tränchen.

Ich gebe Jesus Brot mit Butterschnippchen,
lege ihm noch dazu Püppchen ins Krippchen.
Schlafe mein Jesulein, schlafe ein Schläfchen.
Mütterlein trocknet dir all deine Tränchen.

Schlafe mein Engelchen, du Wunderschönchen,
schlafe der Welt liebstes Blümchen mit Krönchen.
Schlafe mein Jesulein, schlafe ein Schläfchen.
Mütterlein trocknet dir all deine Tränchen.

Schlafe mein Rosenkind in tausend Blüten,
schlafe du Lilienlicht, will dich behüten.
Schlafe mein Jesulein, schlafe ein Schläfchen.
Mütterlein trocknet dir all deine Tränchen.

Leg süßem Jesulein Süßes ins Nestchen,
Mandeln, Rosinchen dazu aus meinem Kästchen.
Schlafe mein Jesulein, schlafe ein Schläfchen.
Mütterlein trocknet dir all deine Tränchen.

Schlafe mein Jesulein, fall in ein Schläfchen,
schlummerst so lieb wie ein ganz junges Schäfchen.
Schlafe mein Jesulein, schlafe ein Schläfchen.
Mütterlein trocknet dir all deine Tränchen.

Schlüpfen wie alle jetzt unter die Decken,
wir sind ganz leise, um dich nicht zu wecken.
Schlafe mein Jesulein, schlafe ein Schläfchen.
Mütterlein trocknet dir all deine Tränchen.

Originaltext und Musik: Polnische Volksweise, 20. Jhd., Verf. unbek.

Do szopy, hej, pasterze!

Do szopy, hej pasterze,
Do szopy, bo tam cud,
Syn Boży w żłobie leży,
By zbawić ludzki ród.

Śpiewajcie Aniołowie,
Pasterze grajcie Mu,
Kłaniajcie się Królowie,
Nie zbudźcie Go ze snu!

Pobiegli pastuszkowie
Ze swymi dary tam,
Oddali pokłon korny,
Bo to ich Bóg i Pan.

Śpiewajcie Aniołowie,
Pasterze grajcie Mu,
Kłaniajcie się Królowie,
Nie zbudźcie Go ze snu!

O Boże niepojęty,
Któż pojmie miłość Twą ?
Na sianie wśród bydlęty
Masz tron i służbę swą.

Śpiewajcie Aniołowie,
Pasterze grajcie Mu,
Kłaniajcie się Królowie,
Nie zbudźcie Go ze snu!

Padnijmy na kolana,

To Dziecię to nasz Bóg,
Uczcijmy niebios Pana,
Miłości złóżmy dług!

Śpiewajcie Aniołowie,
Pasterze grajcie Mu,
Kłaniajcie się Królowie,
Nie zbudźcie Go ze snu!

Jezuniu mój najsłodszy,
Oddaję Tobie się,
O skarbie mój najdroższy,
Racz wziąć na własność mnie.

Śpiewajcie Aniołowie,
Pasterze grajcie Mu,
Kłaniajcie się Królowie,
Nie zbudźcie Go ze snu!

In den Stall Hirten eilet

In den Stall Hirten eilet,
denn ein Wunder geschah.
Gottes Sohn dort verweilet,
Erlösung ist ganz nah.

Engel ihm jubilieren,
Hirten spielt den Lobpreis,
beugt euch vor Gott dem König,
weckt ihn nicht auf, seid leis.

In den Stall Hirten eilet,
seht das Wunder dort.
Des Herren Himmel heilet,
nimmt die Schuld von uns fort.

Engel ihm jubilieren,
Hirten spielt den Lobpreis,
beugt euch vor Gott dem König,
weckt ihn nicht auf, seid leis.

Gottes Licht unaufhörlich
sich uns selbst verschenkt,
ist der Weg auch beschwerlich,
der Herr die Schritte lenkt.

Engel ihm jubilieren,
Hirten spielt den Lobpreis,
beugt euch vor Gott dem König,
weckt ihn nicht auf, seid leis.

Oh mein Gott, wir begreifen,
Liebe kommt, um zu verstehn,
den Samen lässt er reifen,
Thrones Dienst aus den Höh'n.

Engel ihm jubilieren,
Hirten spielt den Lobpreis,
beugt euch vor Gott dem König,
weckt ihn nicht auf, seid leis.

Auf die Knie lasst uns fallen,
Gott verehren, den Herrn,
hoch im Himmel wird es schallen,
Liebe hält Schuld von uns fern.

Engel ihm jubilieren,
Hirten spielt den Lobpreis,
beugt euch vor Gott dem König,
weckt ihn nicht auf, seid leis.

Originaltext und Musik: Polnische Volksweise 18. Jhd., Verfasser unbek.

Gdy Śliczna Panna

Gdy śliczna Panna Syna kołysała,
Z wielkim weselem tak jemu śpiewała:
Li li li li laj, moje dzieciąteczko,
Li li li li laj, śliczne paniąteczko.

Wszystko stworzenie, śpiewaj Panu swemu,
Pomóż radości wielkiej sercu memu:
Li li li li laj, wielki królewiczu,
Li li li li laj, niebieski dziedzicu.

Sypcie się z nieba, liczni Aniołowie,
Śpiewajcie Panu, niebiescy duchowie:
Li li li li laj, mój wonny kwiateczku,
Li li li li laj, w ubogim żłóbeczku.

Cicho wietrzyku, cicho południowy,
Cicho powiewaj, niech śpi panicz nowy.
Li li li li laj, mój wdzięczny synaczku,
Li li li li laj, miluchny robaczku.

Die schöne Mutter

Die schöne Mutter schaukelte die Wiege,
sang liebste Lieder, dass er friedlich liege.
Heija, heija, hei, schlaf mein süßes Kindlein.
Heija, heija, hei, schlaf mein liebes Knäblein.

Die ganze Schöpfung preist des Herren Namen,
Herzen voll Freude jubeln, singen Amen.
Heija, heija, hei, großer Fürst des Lebens.
Heija, heija, hei, Himmelsherr des Gebens.

Wächter des Himmels, himmlische Heerscharen,
Engel des Herren, Himmelsgeist des Klaren.
Heija, heija, hei, schlaf im warmen Wippchen.
Heija, heija, hei, schläfst im armen Krippchen.

Völker der Erde, euch ist er erschienen.
Lasst eure Herzen seiner Liebe dienen.
Heija, heija, hei, Ehre dem Erlöser.
Heija, heija, hei, Heiland, großer Tröster.

Originaltext und Musik: Polnische Volksweise 18. Jhd., Verfasser unbek.

Jezus malusieńki

Jezus malusieńki
leży wśród stajenki
Płacze z zimna nie dała
mu matula sukienki.
Płacze z zimna nie dała
mu matula sukienki.

Bo uboga była,
rąbek z głowy zdjęła,
w który Dziecię owinąwszy,
siankiem Je okryła,
w który Dziecię owinąwszy,
siankiem Je okryła.

Nie ma kolebeczki,
ani poduszeczki,
We żłobie Mu położyła
siana pod główeczki.
We żłobie Mu położyła
siana pod główeczki.

Dziecina się kwili,
Matuleńka lili.
w nóżki zimno, żłobek twardy,
stajenka się chyli.
w nóżki zimno, żłobek twardy,
stajenka się chyli.

Jesuskindchen muss weinen

Jesuskindchen muss weinen.
Bittrer Frost dringt aus Steinen
auf das Stroh und lässt es frieren
zwischen all jenen Tieren,
auf das Stroh und lässt es frieren
zwischen all den Tieren.

Mütterlein kann nichts kaufen,
flicht aus Stroh Bettchens Schlaufen.
In den Schleier wickelt's Kindlein,
Heu und Stroh sind sein Hemdlein.
In den Schleier wickelt's Kindlein,
Heu und Stroh sind's Hemdlein.

Keine Wiege um zu wippen,
liegt auf Stroh in der Krippen,
bindet Stroh zu einem Zöpfchen,
legt es unter Jesus Köpfchen.
bindet Stroh zu einem Zöpfchen,
legt es unters Köpfchen.

Hirten kamen um zu beten,
seinen Segen sie erflehten,
in dem Stall, in dieser Armut
spendet Wärme nur die Herzglut,
in dem Stall, in dieser Armut
wärmt es nur die Herzglut.

Chants de Noël aus Frankreich

Melodie: Adolphe Charles Adam, 1844
Originaltext: Placide Cappeau de Roquemaure, 1847

Cantique de Noël

Minuit, chrétiens, c'est l'heure solennelle,
où l'Homme Dieu descendit jusqu'à nous
pour effacer la tache originelle
et de Son Père arrêter le courroux.
Le monde entier tressaille d'espérance
en cette nuit qui lui donne un Sauveur.
Peuple à genoux, attends ta délivrance.
Noël, Noël, voici le Rédempteur,
Noël, Noël, voici le Rédempteur!

De notre foi que la lumière ardente
nous guide tous au berceau de l'Enfant.
Comme autrefois une étoile brillante
Y conduisit les chefs de l'Orient.
Le Roi des rois naît dans une humble crèche:
puissants du jour, fiers de votre grandeur,
a votre orgueil, c'est de là que Dieu prêche.
Courbez vos fronts devant le Rédempteur.
Courbez vos fronts devant le Rédempteur.

Le Rédempteur a brisé toute entrave:
la terre est libre, et le ciel est ouvert.
Il voit un frère où n'était qu'un esclave.
L'amour unit ceux qu'enchaînait le fer.
Qui lui dira notre reconnaissance,
c'est pour nous tous qu'il naît, qu'il souffre et meurt.
Peuple debout! Chante ta délivrance,
Noël, Noël, chantons le Rédempteur,
Noël, Noël, chantons le Rédempteur!

O Holy Night

O holy night! The stars are brightly shining,
It is the night of our dear Saviour's birth.
Long lay the world in sin and error pining,
Till He appear'd and the soul felt its worth.
A thrill of hope, the weary world rejoices,
For yonder breaks a new and glorious morn.
Fall on your knees! O hear the angel voices!
O night divine, O night when Christ was born;
O night divine, O night, O night Divine.

Led by the light of Faith serenely beaming,
With glowing hearts by His cradle we stand.
So led by light of a star sweetly gleaming,
Here come the wise men from the Orient land.
The King of Kings lay thus in lowly manger;
In all our trials born to be our friend.
He knows our need, to our weaknesses no stranger,
Behold your King! Before Him lowly bend!
Behold your King, Before Him lowly bend!

Truly He taught us to love one another;
His law is love and His gospel is peace.
Chains shall He break for the slave is our brother;
And in His name all oppression shall cease.
Sweet hymns of joy in grateful chorus raise we,
Let all within us praise His holy name.
Christ is the Lord! O praise His Name forever,
His power and glory evermore proclaim.
His power and glory evermore proclaim.

Heilige Nacht

Heilige Nacht, die Sterne festlich scheinen,
mit seinem Heil uns der Retter umhüllt.
Lange die Welt in Sünde lag und Weinen,
als Gott erschien, war die Seele erfüllt.
Ein Hoffnungsschimmer die dunkle Welt erfreute,
in dieser Nacht ward alle Welt getröst.
Fall auf die Knie, sein Heil die Welt erneute.
Jubel, Jubel, Christus hat uns erlöst,
Jubel, Jubel, Christus hat uns erlöst.

Lass durch das Licht des Glaubens dich hinführen,
mit heißem Herz wir an seiner Wiege stehn.
Sein Glanz erstrahlt, öffnet die Sternentüren,
die frommen Weisen kamen ihn zu sehn.
Der Kön'ge König kam zu uns hernieder,
die weltliche Macht verlor an diesem Tag.
Höre das Wort, sing der Engel Lieder.
Jubel, Jubel, das Böse dem Retter unterlag.
Jubel, Jubel, das Böse dem Retter unterlag.

Wahrlich er gab der Seele einen Hafen.
Sein Reich ist Liebe, der Welt Friedensfürst.
Er sah den Bruder in dir und nicht den Sklaven.
Liebe vereint und das Eisen zerbirst.
Lobsinget ihm und preist ihn alle Chöre,
geboren für uns, litt er am Kreuz den Tod.
Ehre sei Gott, oh preiset seine Ehre.
Jubel, Jubel erschallt, Ehre sei Gott.
Jubel, Jubel erschallt, Ehre sei Gott.

Melodie: Französische Volksweise 18. Jahrhundert
Originaltext: Verf. unbek.

Les anges dans nos campagnes

Les anges dans nos campagnes
ont entonné l'hymne des cieux;
et l'écho de nos montagnes
redit ce chant mélodieux.

Gloria in excelsis Deo!
Gloria in excelsis Deo!

Bergers, pour qui cette fête?
Quel est l'objet de tous ces chants?
Quel vainqueur, quelle conquête
mérite ces cris triomphants?

Gloria in excelsis Deo!
Gloria in excelsis Deo!

Ils annoncent la naissance
du libérateur d'Israël;
et pleins de reconnaissance
chantent en ce jour solennel.

Gloria in excelsis Deo!
Gloria in excelsis Deo!

In den Höhen Engel singen

In den Höhen Engel singen,
himmlisch klingt ihr Lobgesang,
und das Echo aus den Bergen
hell ertönt im Wiederklang.

Gloria in excelsis Deo!
Gloria in excelsis Deo!

Schäfer, für wen ist die Feier,
wem erklingt der Engel Lied?
Wer hat diesen Sieg errungen,
im Triumph die Schuld entflieht.

Gloria in excelsis Deo!
Gloria in excelsis Deo!

Sie künden, er ist geboren,
und befreite Israel,
und voll Dankbarkeit und Freude
preisen sie Emmanuel.

Gloria in excelsis Deo!
Gloria in excelsis Deo!

Melodie: Henri Martinet, 1946 Originaltext: Raymond Vinci

Oh lieber Nikolaus - Petit Papa Noël

In dieser stillen Winternacht
schüttelt der Himmel Flocken aus,
die Augen sehn zur Himmelswacht,
Kinder warten auf Nikolaus.
Bevor sie in den Schlaf versinken,
sprechen sie ein Nachtgebet.

Oh lieber Nikolaus,
wenn du kommst zu uns heraus
mit all den Süßigkeiten her,
vergiss die Schuhe nicht, die brauch ich sehr.
Bevor du gehst von mir,
zieh dich warm an, nicht erfrier.
Da draußen ist es eisig kalt,
auch die Tanne friert im Winterwald.

Ich warte schon darauf, dass der Morgen anbricht,
um zu sehn, was du mir gebracht.
Ich hab so viele Wünsche, hab bitte Nachsicht,
voller Hoffnung bin ich aufgewacht.

Oh lieber Nikolaus,
wenn du kommst zu uns heraus
mit all den Süßigkeiten her,
vergiss die Schuhe nicht, die brauch ich sehr.

Der Sandmann streute schon und ging.
Die Kinder träumen tief im Bett.
Du kannst nun herkommen und bring
den Sack zu ihnen, sei so nett.
Knecht Ruprecht kann beginnen,
sie warten schon da drinnen.

Und wenn du mit dem großen Schlitten herkommst,
komm doch zuerst zu mir in unser Haus.
Ich war nicht immer lieb, aber wenn du mir frommst,
verzeih mir bitte doch da drauss.

Oh lieber Nikolaus.

Christmas Songs aus Amerika

Melodie: „St. Louis" von Lewis Henry Redner 1896 USA,
Originaltext: Philipps Brooks 1868

O Little Town of Bethlehem

O little town of Bethlehem, how still we see thee lie!
Above thy deep and dreamless sleep
the silent stars go by;
yet in thy dark streets shineth the everlasting light;
the hopes and fears of all the years
are met in thee tonight.

For Christ is born of Mary, and gathered all above,
while mortals sleep, the angels keep
their watch of wondering love.
O morning stars, together proclaim the holy birth!
And praises sing to God the King,
and peace to men on earth.

How silently, how silently, the wondrous gift is given!
So God imparts to human hearts
the blessings of His heaven.
No ear may hear His coming, but in this world of sin,
where meek souls will receive Him still,
the dear Christ enters in.

Where children pure and happy pray to the Blessed Child
where misery cries out to Thee,
son of the Undefiled
where Charity stands watching and Faith holds wide the door,
the dark night wakes the glory hearts
and Christmas comes once more.

O holy Child of Bethlehem! Descend to us, we pray;
cast out our sin, and enter in,
be born in us today.

We hear the Christmas angels the great glad tidings tell;
oh, come to us, abide with us,
our Lord Emmanuel!

O kleines Städtchen Bethlehem

Im kleinen Städtchen Bethlehem ein Paar die Herberg fand,
finster in tiefem Schlaf vergeht das stille Sternenland.
Doch in den dunklen Straßen scheint auf ein ew'ges Licht.
Der Jahre Hoffnung, Angst, heut Nacht
sich löst, das Licht anbricht.

Mirjam gebar das Christuskind, das Heil zur Welt gebracht.
Die Engelschar verkündete das Wunder dieser Nacht.
Und alle Morgensterne strahlten in heil'ger Freud,
preist Gott, den König und lobsingt
den Menschen Frieden heut.

In aller Stille ohne Laut dies Wunder uns geschenkt.
Gott kommt zu dir ins Herz hinein, den Blick zum Himmel lenkt.
Er kam uns zu erretten, in Sünde lag die Welt.
Wo Seelen sich ihm öffnen weit,
tritt ein in Gottes Zelt.

Die Kinder rein und glücklich sind, beten zum heil'gen Kind.
Wo Elend schreit, der Mutter Sohn ist dafür niemals blind.
Er wacht mit aller Liebe und öffnet jede Tür.
In dunkler Nacht im Glorienschein
das Christkind kam herfür.

Das heil'ge Kind von Bethlehem segnet unser Gebet,
in uns gebor'n, die Sünde stirbt, damit ihr aufersteht.
Die Weihnachtsengel singen, die Glocken klingen hell:
oh komm zu uns, Herr Jesus Christ,
oh komm Emmanuel.

Originaltext und Musik: James Lord Pierpont, 1857

Jingle bells

Dashing through the snow
in a one-horse open sleigh.
O'er the fields we go,
laughing all the way.
Bells on bobtail ring,
making spirits bright.
What fun it is to ride and sing
a sleighing song tonight.

Jingle bells, jingle bells,
jingle all the way.
O, what fun it is to ride
in a one-horse open sleigh.

A day or two ago
I thought I'd take a ride,
and soon Miss Fannie Bright
was seated by my side.
The horse was lean and lank,
misfortune seemed his lot,
he got into a drifted bank
and we got upsot.

Jingle bells, jingle bells,
jingle all the way.
O, what fun it is to ride
in a one-horse open sleigh.

A day or two ago,
the story I must tell,
I went out on the snow,

And on my back I fell;
a gent was riding by
in a one-horse open sleigh,
he laughed as there
I sprawling lay,
but quickly drove away

Jingle bells, jingle bells,
jingle all the way.
O, what fun it is to ride
in a one-horse open sleigh.

Now the ground is white,
go it while you're young,
take the girls tonight
and sing this sleighing song.
Just get a bobtailed bay,
two-forty for his speed,
Then hitch him to an open sleigh,
and crack! You'll take the lead.

Jingle bells, jingle bells,
jingle all the way.
O, what fun it is to ride
in a one-horse open sleigh.

Klinge hell

Pferdeschlitten renn
durch den dichten Schnee,
über Hügel brenn,
vorbei an Hirsch und Reh.
Glöckchen am Geschirr
klingen weit und breit,
ein großer Spaß die Schlittenfahrt,
wir singen: „Hey, es schneit."

Klinge hell, klinge hell,
klinge durch die Höh!
Oh wie schön das Pferdchen rennt
durch den dichten Schnee.

Klinge hell, klinge hell,
klinge durch die Höh!
Oh wie hoch das Pferdchen springt
durch den dichten Schnee.

Vor Tagen wünscht ich mir
die Pferdeschlittenfahrt.
Da hast du mich gefragt,
ob ich wohl auf dich wart.
Wir standen vor dem Haus,
das Pferdchen wollt nicht mehr,
fand durch das Schneegestöber nicht,
schrie auf, wir standen quer.

Klinge hell, klinge hell,
klinge durch die Höh!
Oh wie schön das Pferdchen rennt
durch den dichten Schnee.

Klinge hell, klinge hell,
klinge durch die Höh!

Oh wie hoch das Pferdchen springt
durch den dichten Schnee.

Heut hat's wieder geschneit,
drum lieber Schlitten saus
und fahre weiter, weit.
Er stürzt, kippt mich hinaus.
Ein andrer Schlitten fuhr
mit Herr an mir vorbei.
Er lachte laut, als ich da lag,
ich grub mich wieder frei.

Klinge hell, klinge hell,
klinge durch die Höh!
Oh wie schön das Pferdchen rennt
durch den dichten Schnee.

Klinge hell, klinge hell,
klinge durch die Höh!
Oh wie hoch das Pferdchen springt
durch den dichten Schnee.

Musik: Jule Styne 1945, Originaltext: Sammy Cahn

Wenn es schneit - Let it snow!

Für die Kinder ist Winter reizvoll,
sie bau'n den Schneemann mit Nase, prachtvoll.
Voller Freude steh'n sie bereit,
wenn es schneit, wenn es schneit, wenn es schneit.

Und hört es nicht auf zu schneien,
gehen wir uns die Skier leihen.
Nur Schneeflocken weit und breit.
Wie das schneit! Wie das schneit! Wie das schneit!

Kinder schauen zum Fenster raus,
dieser Schneefall ist ein Gebraus,
freuen sich auf den nächsten Tag,
Schlittenfahren ein jedes mag.

Das Feuer hört auf zu knistern.
Wir wünschen zärtlich gut Nacht und flüstern.
Im Schlaf vergeht schnell die Zeit,
wenn es schneit, wenn es schneit, wenn es schneit!

Die Christrosen blühen weiter,
im Schnee sind sie froh und heiter.
Die Welt strahlt im weißen Kleid.
Wie das schneit! Wie das schneit! Wie das schneit!

Klingen Glocken und jeder singt,
selbst ein Reh vor dem Haus mitspringt.
Stellen wir Kerzen in den Raum,
schmücken festlich den Tannenbaum.

Die Kinder staunen und lachen,
sie denken an Spielzeugsachen,
das Christfest ist nicht mehr weit,
wenn es schneit, wenn es schneit, wenn es schneit.

Originaltext und Musik: Bob Wells und Mel Tormé, 1944

Saarbrücker Weihnachtslied - The Christmas Song

Am Weihnachtsmarkt die Menschen dicht gedrängt
zuammen stehn, das Feuer wärmt,
warten, dass die Seilbahnfahrt von Nikolaus anfängt,
ein fremder Gast, gerührt vom Glühwein, schwärmt.

Zum Himmel hoch die Kinder schaun empor,
zum Rentier mit der roten Nas.
Es zieht den Schlitten und der Nikolaus liest vor,
die Vorstellung macht allen Spaß.

Die Augen glänzen und die Herzen sind voll Freud,
der Tag sich neigt und alle gehen still zurück.
Die Kinder träumen, einschlafen kann keines heut.
denken an Spielzeug, hoffen auf ein kleines Glück.

Freude und Frieden bringt der heil'ge Christ
und alle Herzen öffnen sich.
Sein Segen liegt auf dir, wo immer du auch bist,
frohe Weihnacht für dich.

Am nächsten Morgen, wenn der Tag erwacht,
glitzert in Bäumen weiß der Schnee,
alle Kinder freuen sich auf eine Schneeballschlacht,
in Tannen stöbert Wind, wir trinken Tee.

Die Mutter schmückt den schönsten Weihnachtsbaum,
hängt Lametta, Glocken auf,
stellt den Kerzenleuchter mitten in den Raum,
damit er strahlt, wir warten drauf.

Und klingt das Glöckchen vor der Tür wird es ganz still.
Vater und Mutter, Kinder, Großeltern zu Haus,
ein Engel Harfe spielt, nur der hört's, der es will.
Die Sorgen fallen von uns ab, sie bleiben drauß.

Freude und Frieden bringt der heil'ge Christ
und alle Herzen öffnen sich.
Sein Segen liegt auf dir, wo immer du auch bist,
frohe Weihnacht für dich.

Originaltext und Musik: Hugh Martin und Ralph Blane, 1943

Frohes Fest - Have Yourself a Merry Little Christmas

Schenk dir selbst die allerschönste Weihnacht,
zünd die Kerzen an,
häng die Glocken an die große Weihnachtstann'.

Schenk dir selbst die allerschönste Weihnacht,
mach ein frohes Fest,
schmück dein Haus, nimm dazu nur das Allerbest'.

Freue dich wie in alter Zeit,
als die Tage voller Glück.
Treue Freunde, sie kommen von weit,
um dir nah zu sein, zurück.

Alles fügt die Zeit wieder zusammen,
wenn das Schicksal will.
Hoch am Himmel strahlt ein heller Sternenschein,
auf Erden soll Frieden allen Menschen sein.

Originaltext und Musik: Irving Berlin, 1940

Weihnacht - White Christmas

Intro
Die Flocken fallen, die Sterne glühn,
der Tannenbaum trägt Livrée
an Zweigen rüttelt ein Reh,
die Eisscholle treibt im See.

Die Welt trägt wieder ein weißes Kleid.
Es ist Dezember, bald ist's soweit.

Bald wird es festlich sein: Weihnacht.
Die Kerzen brennen lichterloh.
Wie die Flocken glitzern
und Tannen knistern
im Schnee, Kinder singen froh.

Bald feiern wir ein Fest: Weihnacht.
Die Engel künden es von weit,
dass der Christ kommt voller Herrlichkeit,
Frieden bringt, macht eure Herzen weit.

Originaltext und Musik: Jay Livingston und Ray Evans 1950

Glockenklang – Silver Bells

Glockenklang, Chorgesang,
bald feiern wir wieder Weihnacht.
Kerzenschein, Tannenkranz,
alles strahlt im Festtagsglanz.

Alle Straßen, alle Gassen
sind so festlich geschmückt,
in der Luft schwebt ein Duft süßer Plätzchen.
Kinder lachen, Eltern wachen,
alle lächeln sich zu,
und die Sorgen sind ganz weit entrückt.

Glockenklang, Chorgesang,
bald feiern wir wieder Weihnacht.
Kerzenschein, Tannenkranz,
alles strahlt im Festtagsglanz.

Lichterketten zwischen Ecken
blinken von Haus zu Haus,
alle eilen zurück mit Geschenken.
Stiefel knirschen, Pferde pirschen
langsam sich durch den Schnee,
Nikolaus teilt Geschenke heut aus.

Glockenklang, Chorgesang,
bald feiern wir wieder Weihnacht.
Kerzenschein, Tannenkranz,
alles strahlt im Festtagsglanz.

Originaltext und Musik: Jester Hairston 1956

Mirjams Knabe - Mary's Boy Child

Vor langer Zeit in Bethlehem,
die heil'ge Bibel sagt,
Mirjam's Knäblein, Jesus Christ,
ward gebor'n am Weihnachtstag.

Hört wie's klingt, ein Engel singt,
ein König ward gebor'n,
für alle Zeit der Christenheit,
sie glaubte sich verlor'n.
Hört den Klang, den Engelsang,
ein König ward gebor'n,
für alle Zeit der Christenheit,
sie glaubte sich verlor'n.

Die Hirten wachten auf dem Feld,
als sie sahen einen Sternenschein.
Vom hohen Himmel drang ein Chor
von Stimmen engelrein.

Auf einmal leuchtete die Welt,
der Glocken Lob und Preis,
und Freudentränen überall,
Gott Frieden uns verheißt.

Hört wie's klingt, ein Engel singt,
ein König ward gebor'n,
für alle Zeit der Christenheit,
sie glaubte sich verlor'n.
Hört den Klang, den Engelsang,
ein König ward gebor'n,
für alle Zeit der Christenheit,
sie glaubte sich verlor'n.

Als Josef mit Maria kam
nach Bethlehem zur Nacht,
fanden sie nirgendwo mehr Platz,
niemand hat aufgemacht.

Dann sahen sie den kleinen Stall,
wo Ochs und Esel stand,
dort in der Hütte, kalt und hart,
Maria still entband.

Hört wie's klingt, ein Engel singt,
ein König ward gebor'n,
für alle Zeit der Christenheit,
sie glaubte sich verlor'n.
Hört den Klang, den Engelsang,
ein König ward gebor'n,
für alle Zeit der Christenheit,
sie glaubte sich verlor'n.

Melodie „Sleigh Ride"
Musik:Leroy Anderson 1948 Originaltext: Mitchell Parish 1950

Schlittenfahrt – Sleigh Ride

Hör doch die Schlittenglocken,
sie singen, der Winter ist hier,
Komm her ins Winterwetter,
ich fahre zusammen mit dir.

Draußen ist Schnee gefallen
und alle rufen: „Juhu."
Komm fahr mit mir im Schlitten,
sag mir, was meinst du dazu?

Im Galopp, im Galopp, im Galopp geht' los.
Schau nur wie es schneit!
Wir fahren im Winterwunderland.
Im Galopp, im Galopp, im Galopp, famos,
komm gib mir die Hand.
Wir gleiten dahin, hör das Lied
von dem Winterzauberland.

Die Wangen sind schön rosig,
es ist gemütlich mit dir.
Wir kuscheln uns zusammen
und du nimmst die Decke von mir.

Wir fahren durch die Landschaft
und singen fröhlich dabei.
Wir fahren im Galopp,
und wir fliegen wie Vögel so frei.

Bei der Weihnachtsfeier vor dem großen Gotteshaus,
enden wir den Tag mit einem feinem Festtagsschmaus.
Lasst uns singen ein Lied, ein Winterlied,
wir hören noch nicht auf.
Am Kamin sitzen wir, die Maronen springen auf.

Dieses Glücksgefühl kann man nicht kaufen in der Welt,
wenn man Glühwein trinkt und Lebkuchen jetzt Einzug hält.
Es ist fast wie ein Bild, ein Glitzerbild,
das aus dem Märchen sprang.
Wie wundervoll ist alles hier, wir erinnern uns ein Leben lang.

Hör doch die Schlittenglocken,
sie singen, der Winter ist hier,
Komm her ins Winterwetter,
ich fahre zusammen mit dir.

Draußen ist Schnee gefallen
und alle rufen: "Juhu."
Komm fahr mit mir im Schlitten,
sag mir, was meinst du dazu?

Im Galopp, im Galopp, im Galopp geht' los.
Schau nur wie es schneit!
Wir fahren im Winterwunderland.
Im Galopp, im Galopp, im Galopp, famos,
komm gib mir die Hand.
Wir gleiten dahin, hör das Lied
von dem Winterzauberland.

Die Wangen sind schön rosig,
es ist so gemütlich mit dir.
Wir kuscheln uns zusammen
und du nimmst die Decke von mir.

Wir fahren durch die Landschaft
und singen fröhlich dabei.
Wir fahren im Galopp,
und wir fliegen wie Vögel so frei.

Gospeltexte zu Melodien von Popsongs und Filmmusik

Melodie: „Last Christmas"
Originaltext und Musik: George Michel 1984

Am Christfest

Am Christfest kommt Jesus zu dir,
das himmlische Kind im Engelwind
im Stall, so arm und so klein,
will er dein Erlöser und Heil sein.

Am Christfest gab ich ihm mein Herz,
meine Seele wird klar, seine Liebe ist wahr.
Dies Jahr, das wünsche ich mir,
schenkt Frieden er hier allen Menschen.

Gott gibt uns die Seligkeit,
er will sich nähern, kommt aus der Ewigkeit,
schickt seinen Sohn, kannst du verstehen dies.
Dies ist sein Zeichen, das himmlische Paradies.

Frohes Christfest schreibt er dir in dein Herz,
mit voller Liebe schickt er den Sohn, du weißt es.
Fühlst du nicht, was das für ein Glück.
Kannst auch du lieben ihn,
dann kommt es zu dir zurück.

Am Christfest kommt Jesus zu dir,
das himmlische Kind im Engelwind
im Stall, so arm und so klein,
will er dein Erlöser und Heil sein.

Am Christfest gab ich ihm mein Herz,
meine Seele wird klar, seine Liebe ist wahr.
Dies Jahr, das wünsche ich mir,
schenkt Frieden er hier allen Menschen.

Im dunklen Raum lag das Leben bis heut,

ohne Zukunft und ohne jede Freud.
Mein Gott, dachte ich und vergrub mich tief,
doch Gott schickte uns einen Geburtstagsbrief.

Ein Bote Gottes verkündet es überall,
das Heil wird kommen, geboren in einem Stall.
Geht es zu suchen, ein Stern wird euch lenken,
das ewige Heil Jesus Christus wird schenken.

Am Christfest kommt Jesus zu dir,
das himmlische Kind im Engelwind
im Stall, so arm und so klein,
will er dein Erlöser und Heil sein.

Am Christfest gab ich ihm mein Herz,
meine Seele wird klar, seine Liebe ist wahr.
Dies Jahr, das wünsche ich mir,
schenkt Frieden er hier allen Menschen.

Der Weg

Wo willst du hin, kennst du den Weg, wer zeigt ihn dir?
Wo liegt der Sinn, in dieser Welt, was gibt ihn dir?
Wer geht mit dir auf deinem Weg
voll Zuversicht und sucht das Licht?

Gott geht mit dir, leuchtet den Weg, schuf diesen Stern.
Er bringt das Heil in diese Welt, in nah und fern.
Engel aus Licht kündet von Pflicht.
Maria lobt und preist den Herrn.

gesprochen:
*Gegrüßet seist du, Maria, voll der Gnade,
der Herr ist mit dir.
Du bist gebenedeit unter den Frauen,
und gebenedeit ist die Frucht deines Leibes, Jesus.*

Nach Davids Stadt auch Josef zog mit Maria.
Sie trug das Kind in ihrem Leib, denn es geschah
aus Geistes Kraft, Gott den Sohn schafft.
Doch war kein Haus, das sie aufnahm.

gesprochen:
*Es begab sich aber zu der Zeit, als von Kaiser Augustus das
Gebot ausging, daß jedermann sich schätzen lassen sollte, ein
jeder in seiner Stadt. Josef machte sich mit Maria, die schwanger war, auf in die Stadt Davids, die Bethlehem heißt, denn er
war aus dem Hause und Geschlechte Davids.*

Folge dem Stern, dem Glockenklang, dem Chorgesang.
In dieser Nacht ward Gottes Sohn zur Welt gebracht.
Christus ist da, halleluja,
sing David's Lied, die Liebe siegt.

Melodie „An Angel"
Originaltext und Musik: Michael Patrick Kelly 1994

Schutzengel

Wenn nur noch Regen auf mich fällt,
kein Licht das Dunkel mehr erhellt,
fehlt meinem Herzen Zuversicht,
es mir an Lebensmut gebricht.

Dann frag ich mich, wer steht mir bei,
wer macht mich heil und wieder frei,
schickt einen Engel durch die Zeit,
hält seinen Himmel mir bereit?

Dann schickt mir Gott einen Schutzengel,
dann weiß ich, Gott sieht allem zu.
Dann schickt mir Gott einen Schutzengel,
dann weiß ich, Gott liebt immerzu.

Wenn sich die Welt vor mir verschwört,
die letzte Hoffnung sich zerstört,
alles zerfällt, zusammenbricht,
nur der Abschied zu mir spricht.

Wenn der Mut mir ganz versagt
und meine Seele nur noch klagt,
wenn das letzte Fünkchen stirbt,
nur der Tod mich noch umwirbt.

Dann schickt mir Gott einen Schutzengel,
dann weiß ich, Gott sieht allem zu.
Dann schickt mir Gott einen Schutzengel,
dann weiß ich, Gott liebt immerzu.

Gottes Liebe wird mich führen,
wird mich tief, ganz tief berühren.

Liebe überall
wird mich tragen durch Gottes All
bis in Ewigkeit.

Dann schickt mir Gott einen Schutzengel,
dann weiß ich, Gott sieht allem zu.
Dann schickt mir Gott einen Schutzengel,
dann weiß ich, Gott liebt immerzu.

Dein Paradies

Ein Zeichen schick mir in diese Welt,
ein Zeichen schick, das mir sagt,
du bist der Herr, der die Sonne bringt,
du bist Glut, Höllenqual.

Oh nimm mich auf, erlöse mich,
oh bring mich heim zu dir,
ich warte schon so lang auf dich,
denn ich will nur zu dir.

Offenbare dich, gütiger Gott, breche das Schweigen.
Und wenn ich einst sterb, schenk mir dein Heil, bin dir zu eigen.

Verschlinge Welt, was dir Hölle bringt,
verschlinge Welt, bin allein
das Leben bleibt in der Dunkelheit,
meine Seele ist dein.

Und sterbe ich auch durch dich allein
fließt in mir doch nur dein Blut.
Dein Tod am Kreuz, dein Martyrium,
macht diesen Schmerz wieder gut.

Dein Paradies erobert mich. Du bist das Licht,
das scheint, in dieser Welt nur für uns du bist die Liebe.

Du Schöpfer du, gabst das Lebens uns,
du atmest uns Leben ein,
du schufst die Welt, alle Menschen gleich
und doch sind wir allein.

Was immer auch lag in Dunkelheit
hast du erlöst durch dein Licht;
es leuchtet uns, du bist das Geleit,
wenn das Leben uns bricht.

Filmmelodie: „Exodus" Musik: Ernest Gold 1960

Dies ist mein Land

Dies ist mein Land,
Gott schuf das Land für uns,
in alter Zeit das Land für uns.

Die Morgensonne scheint
Hügel und Täler weit.
Land der Freiheit,
wenn mit Kindern wir vereint.

Nimm meine Hand,
geh in dies Land mit mir,
geh ins gelobte Land mit mir.

Doch Menschen sind nur stark,
wenn er zu ihnen steht.
Gottes Hilfe nur
gibt uns die Kraft dafür.

Nimm meine Hand,
geh in dies Land mit mir,
geh ins gelobte Land mit mir.

Doch Menschen sind nur stark,
wenn er zu ihnen steht.
Gottes Hilfe nur
gibt uns die Kraft dafür.

Mach aus dem Land ein Heim,
auch wenn du kämpfen musst,
denn dann erst wird es dein,
wo du einst stirbst, dort kehrst du heim.

Gospeltexte zu traditionellen Spirituals

Musik und Text: 1861 von afrikanischen Sklaven in Virginia gesungen. Geht aufs Alte Testament, Exodus 3,10 ein: so gehe nun hin, ich will dich zu Pharao senden, dass du mein Volk, die Kinder Israel, aus Ägypten führest."

Go Down Moses

When Israel was in Egypt's land:
Let my people go.
Oppress'd so hard they could not stand.
Let my People go.

Go down, Moses,
way down in Egypt land.
Tell old Pharaoh,
let my people go.

Thus saith the Lord bold Moses said:
let my people go.
If not I'll smite your firstborn dead.
Let my People go.

Go down, Moses, …

No more shall they in bondage toil.
Let my people go.
Let them come out with Egypt's spoil!
Let my People go.

Go down, Moses, …

O let us all from bondage flee.
Let my people go.
And let us all in Christ be free.
Let my People go.

Go down, Moses, …

Gehe Moses

Als Israel war in Ägyptens Land:
Lass mein Volk jetzt gehn.
So unterdrückt hielt niemand stand.
Lass mein Volk jetzt gehn.
Gehe Moses,
nimm den Weg nach Ägypten,
sag's dem Pharao.
Lass mein Volk jetzt gehn.

Gott sprach's, durch Moses kühn androht:
Lass mein Volk jetzt gehen!
Die Erstgebornen schlag ich sonst tot.
Lass mein Volk jetzt gehen!
Gehe Moses...

Sie soll'n nicht mehr leibeigen sein.
Lass mein Volk jetzt gehn.
Lass sie hinaus mit Brot und Wein.
Lass mein Volk jetzt gehn.
Gehe Moses...

Oh, lasst uns aus der Knechtschaft fliehn.
Lass mein Volk jetzt gehn.
Lass frei uns, wir als Christen ziehn.
Lass mein Volk jetzt gehn.
Gehe Moses...

Melodie und Text: Spiritual um 1865, ursprüngliche Verf. unbekannt, Textfassung John Wesley Work Jr., um 1880 in der Liedersammlung „Religious Folk Songs of the Negro as Sung on the Plantations" von 1909 veröffentlicht.

Go tell it on the mountain

Go, tell it on the mountain,
over the hills and ev'rywhere;
go, tell it on the mountain,
that Jesus Christ is born.

While shepherds kept their watching
over silent flocks by night,
behold throughout the heavens
there shone a holy light.

Go, tell it on the mountain ...

The shepherds feared and trembled,
when lo! Above the earth,
rang out the angels' chorus
that hailed the Saviour's birth.

Go, tell it on the mountain ...

Down in a lowly manger
the humble Christ was born
and God sent us salvation
that blessed Christmas morn.

Go, tell it on the mountain ...

Geht, singt es von den Bergen

Geht, singt es von den Bergen,
von überall auf dieser Welt.
Geht, singt es von den Bergen,
dass Christus ist gebor'n.

Nachts Hirten wachten bei den Schafen,
sie waren still und allein.
Und von oben aus des Himmelshöhn
entsprang ein heiliger Schein.

Geht, singt es von den Bergen,
von überall auf dieser Welt.
Geht, singt es von den Bergen,
dass Christus ist gebor'n.

Die Hirten ängstlich zitterten,
sahn hinauf zum Himmelstor.
Eine Engelschar voll Jubelklang
den Retter preist im Chor.

Geht, singt es von den Bergen,
von überall auf dieser Welt.
Geht, singt es von den Bergen,
dass Christus ist gebor'n.

Im Stall Maria niederkam,
Gott hat sie auserkor'n.
Seinen Retter sandte er den Menschen,
Christus war gebor'n.

Geht, singt es von den Bergen,
von überall auf dieser Welt.
Geht, singt es von den Bergen,
dass Christus ist gebor'n.

Melodie und Text: Spiritual nach dem Buch Josua (Jos. 6 EU) erinnert an die im Buch Josua geschilderte Eroberung der stark befestigten kanaanäischen Stadt Jericho durch die aus Ägypten ausziehenden Israeliten unter Führung Jousas.

Joshua Fought The Battle Of Jericho

Joshua fought the battle of Jericho, Jericho, Jericho,
Joshua fought the battle of Jericho
and the walls came tumbling down.

You may talk about your king of Gideon,
you may talk about your man of Saul,
there's none like good old Joshua
at the battle of Jericho.

Joshua fought the battle of Jericho, Jericho, Jericho…

Up to the walls of Jericho
he marched with spear in hand.
"Go blow them ram-horns" Joshua cried,
"'cause the battle is in my hand."

Joshua fought the battle of Jericho, Jericho, Jericho…

Then the lamb ram sheep horns begin a blow,
trumpets begin a sound.
Joshua commanded the children to shout,
and the walls came tumbling down.

Joshua fought the battle of Jericho, Jericho, Jericho..

Joshua focht den Kampf um Jericho

Joshua focht den Kampf um Jericho, Jericho, Jericho.
Joshua focht den Kampf um Jericho
und die Mauern stürzten ein.

Du magst reden über Gottes Richter,
du redest über König Saul.
Aber niemand ist so gut wie Joshua
im Kampf um Jericho.

Joshua focht den Kampf um Jericho, Jericho, Jericho...

Hin zu den Mauern Jerichos
marschierte er, den Speer in der Hand.
„Kommt mit, blast den Schofar", sprach Joshua,
„denn der Kampf liegt in meiner Hand".

Joshua focht den Kampf um Jericho, Jericho, Jericho...

Das Widderhorn begannen sie zu blasen.
trompeteten auf und posaunten.
Joshua den Kindern befahl zu schreien
und die Mauern stürzten ein.

Joshua focht den Kampf um Jericho, Jericho, Jericho...

Melodie und Text: Spiritual vermutlich 18. Jhd, Verf. unbekannt,
überliefert von Harry Thaker Burleigh

Nobody knows the trouble I've seen

Nobody knows the trouble I've seen.
Nobody knows but Jesus.
Nobody knows the trouble I've seen.
Glory hallelujah!

Sometimes I'm up, sometimes I'm down.
Oh, yes, Lord.
Sometimes I'm almost to the ground.
Oh, yes, Lord

Nobody knows the trouble I've seen…

Although you see me going 'long so.
Oh, yes, Lord.
I have my trials here below.
Oh, yes, Lord

Nobody knows the trouble I've seen…

If you get there before I do.
Oh, yes, Lord.
Tell all-a my friends I'm coming too.
Oh, yes, Lord.

Nobody knows the trouble I've seen…

Niemand das Leid kennt, das ich sah

Niemand das Leid kennt, das ich sah,
niemand weiß es, nur Jesus.
Niemand das Leid kennt, das ich sah.
Gloria, Hallelujah

Mal geht's mir gut, mal geht's mir schlecht,
oh mein Gott,
stürz in ein Loch, nichts ist mehr recht,
oh mein Gott.

Niemand das Leid kennt, das ich sah...

Oh jeden Tag bet ich zu dir,
oh mein Gott,
dass alle Sünd vergibst du mir,
oh mein Gott.

Niemand das Leid kennt, das ich sah...

Du warst schon hier, bevor ich da,
oh mein Gott,
wir geh'n zu dir, was auch geschah,
oh mein Gott.

Niemand das Leid kennt, das ich sah...

Deutschsprachige Weihnachts- und Kirchenlieder in moselfränkischer Mundart

Musik und Originaltext: Martin Luther 1535

Vom Himmel hoch

Vom Himmel hoch, da komm' ich her,
ich bring' euch gute neue Mär';
der guten Mär' bring' ich so viel,
davon ich sing'n und sagen will.

Euch ist ein Kindlein heut' gebor'n
von einer Jungfrau auserkor'n,
ein Kindelein so zart und fein,
das soll eu'r Freud' und Wonne sein.

Es ist der Herr Christ, unser Gott,
der will euch führ'n aus aller Not,
er will eu'r Heiland selber sein,
von allen Sünden machen rein.

Vom Himmel hoch

Vom Himmel hoch dò kumm eich hea,
vazeelen auch än naue Mäa,
von dea nau Mäa wääs eich so vill,
dass eich än Littchin singen will.

Auch is än Kindchin haut geboa,
än jung Fraau woa dò auserkoa.
Dat Kindchin is so zaat un dinn,
än riesisch Frääd soll auch dat sinn.

It is da Herrgott, uusa Chrischt,
ea will nit dat in Not dau bischt,
ea will gea uusa Häland sinn,
dat mia frei von all Sinden ginn.

Es ist ein Ros entsprungen

Es ist ein Ros entsprungen
aus einer Wurzel zart,
wie uns die Alten sungen,
von Jesse kam die Art
und hat ein Blümlein bracht
mitten im kalten Winter,
wohl zu der halben Nacht.

Das Röslein, das ich meine,
davon Jesaja sagt,
ist Maria, die Reine,
die uns das Blümlein bracht.
Aus Gottes ewgem Rat
hat sie ein Kind geboren
und blieb doch reine Magd.

Das Blümelein so kleine,
das duftet uns so süß;
mit seinem hellen Scheine
vertreibt's die Finsternis.
War Mensch und wahrer Gott,
hilft uns aus allem Leide,
rettet von Sünd und Tod.

Än Reesche dat gewaas woa

Än Reesche dat gewaas woa
aus äna Wurzel nua,
vazeelen uus die Alten,
aus Jessa kämt de Spua
un hat än Blimchin braat.
Mitten im kalten Winta
zua ongefongnen Naat.

Vom Reeschen, datt eich männen,
Jesaja hat gesaat,
nua ännet konn ea nennen,
it woa Marii, sein Maat.
Gott hat et ingelaad.
Et hat geboa än Kindchin
zua ongebrochnen Naat.

Dat Blimelchin so klään is,
foa uus it so sejss riecht.
Weil it so hell un scheen is
dat Duschta von uus zieht.
Woa Mensch un Gott in äm.
Helf aus em Lääd dea gross Not,
rett uus foa Sind un Doot.

Musik: Friedrich Silcher zugeschrieben Originaltext: Wilhelm Hey 1837

Alle Jahre wieder

Alle Jahre wieder
kommt das Christuskind
auf die Erde nieder,
wo wir Menschen sind.

Kehrt mit seinem Segen
ein in jedes Haus,
geht auf allen Wegen
mit uns ein und aus.

Ist auch mir zur Seite
still und unerkannt,
daß es treu mich leite
an der lieben Hand.

Jed Joa imma widda

Jed Joa imma widda
kummt it Christkindchin
uff die Erd lò nidda,
wo mia Leit dò sin.

Keat met seinem Seejen
in in jedet Haus,
get uff allen Weejen
mit uus in un aus.

Is òn meina Seit lò,
kääna kennts im Lond,
zeit mia still de Ströòß dò
met da léiwen Hond.

Musik und Originaltext: Johann Georg Franz Braun, 1675

Ave Maria zart

Ave Maria zart, du edler Rosengart,
lilienweiß, ganz ohne Schaden.
Ich grüße dich zur Stund mit Gabrielis Mund,
Ave die du bist voller Gnaden.

Du hast des Höchsten Sohn, Maria rein und schon
in deinem keuschen Schoß getragen.
Den Heiland, Jesus Christ, der unser Retter ist
aus aller Sünd und allem Schaden.

Denn nach dem Sündenfall wir warn verstoßen all
und sollten ewig sein verloren.
Da hast du, reine Magd, wie dir vorhergesagt,
uns Gottes Sohn zum Heil geboren.

Darum, o Mutter mild, befiehl uns deinem Kind,
bitt, dass es unser Sünd verzeihe,
endlich nach diesem Leid die ewig Himmelsfreud
durch dich, Maria, uns verleihe.

Awe Maria zaat

Awe Maria zaat, bau bischt än Rosenart,
lilienweiß, gònz ohne Schaden.
Eich grejßen deich zua Stund met Gabrieles Mund:
Awe dau bischt so volla Gnaden.

Dem Hekschten seinen Bou, Maria hascht in Rou
getra im keuschen Schoß, dem reinen.
Da Hälònd, Jesus Chrischt, dea uusa Retta is,
will uus trotz aller Sind vereinen.

Nòò uusam Sindenfall vastoß mia woaren all,
valoa uf ewisch mia sin sollten.
Dò hascht dau reine Maat, wie dia vorhea gesaat,
dem Gott sein Bou geboa, den Holden.

Deswejen Maria, befehl dem Kind us, saa,
it soll vazeien uus dat Schlechte.
Endlich nò all dem Lääd de ewisch Himmelsfrääd
gewähren uus, Gott der Gerechte.

Musik: Thüringisches Volkslied, 19. Jhd. Originaltext: Friedrich Wilhelm Kritzinger

Süßer die Glocken nie klingen

Süßer die Glocken nie klingen
als zu der Weihnachtszeit;
's ist, als ob Engelein singen
wieder von Frieden und Freud,
wie sie gesungen in seliger Nacht,
wie sie gesungen in seliger Nacht.
Glocken, mit heiligem Klang
klingen die Erde entlang!

O wenn die Glocken erklingen,
schnell sie das Christkindlein hört,
muß sich vom Himmel dann schwingen,
eilet hernieder zur Erd,
segnet den Vater, die Mutter, das Kind,
segnet den Vater, die Mutter, das Kind.
Glocken, mit heiligem Klang
klingen die Erde entlang!

Klinget mit lieblichem Schalle
über die Meere noch weit,
daß sich erfreuen doch alle
seliger Weihnachtszeit,
alle aufjauchzen mit einem Gesang,
alle aufjauchzen mit einem Gesang.
Glocken, mit heiligem Klang
klingen die Erde entlang!

Scheena de Glocken nit klingen

Scheena de Glocken nit klingen
als zu da Weihnachtszeit,
ma heat de Engelscha singen
widda voll Frieden und Frääd.
Wie se gesung hònn, wie selisch de Naat!
Wie se gesung hònn, wie selisch de Naat!
Glocken met hälijem Klóng
klingen de Ead entlóng!

Oh, wenn de Glocken scheen klingen,
schnell se it Chrischtkindchin heat,
duut sich vom Himmel dònn schwingen
eilisch dò runna zua Ead.
Segnet de Papa, de Mamma, it Kind.
Segnet de Papa, de Mamma, it Kind.
Glocken met hälijem Klòng
klingen de Ead entlòng!

Scheen klingt dat Littchin so lieblich
weit hinaus iwa it Mea,
dat sich alle freien gònz friedlich.
Weihnacht gift käna me hea.
All mia scheen singen, wie herrlich dat klingt.
All mia scheen singen, wie herrlich dat klingt.
Glocken met hälijem Klòng
klingen de Ead entlòg!

Melodie: Volksweise aus England, 19. Jhd. Originaltext: Verf. unbekannt

Fröhliche Weihnacht überall

Fröhliche Weihnacht überall,
tönet durch die Lüfte froher Schall.
Weihnachtston, Weihnachtsbaum,
Weihnachtsduft in jedem Raum.
Fröhliche Weihnacht überall,
tönet durch die Lüfte froher Schall.

Fröhliche Weihnacht überall,
tönet durch die Lüfte froher Schall.
Darum stimmet alle ein in den Jubelton;
denn es kommt das Licht der Welt von des Vaters Thron.
Fröhliche Weihnacht überall,
tönet durch die Lüfte froher Schall.

Fröhliche Weihnacht überall,
tönet durch die Lüfte froher Schall.
Licht auf jedem dunklen Pfad, unser Licht bist du;
denn du führst, die dir vertrau'n,
ein zur selgen Ruh'.
Fröhliche Weihnacht überall,
tönet durch die Lüfte froher Schall.

Fröhliche Weihnacht überall,
tönet durch die Lüfte froher Schall.
Was wir andern durften tun, sei getan für dich,
dass ein jeder rühmen kann: Christus kam für mich!
Fröhliche Weihnacht überall,
tönet durch die Lüfte froher Schall.

Iwarall is Weihnacht, freien eich

Iwarall is Weihnacht, freien eich,
schallt it durch de Luft, äm Littchin gleich.
Weihnachtston, Weihnachtsbòòm
Weihnachtsduft, den jeda mòòn.
Iwarall is Weihnacht, freien eich,
schallt it durch de Luft, äm Littchin gleich.

Iwarall is Weihnacht, freien eich,
schallt it durch de Luft, äm Littchin gleich.
Singen all dat Littchin mit, singen foa de Sohn,
denn vom Himmel kummt dat Licht, kummt vom Vadders Thron.
Iwarall is Weihnacht, freien eich,
schallt it durch de Luft, äm Littchin gleich.

Iwarall is Weihnacht, freien eich,
schallt it durch de Luft, äm Littchin gleich.
Wenn da Weesch se dunkel is, bischt dau uusa Licht.
Wenn mia dia vatraun waatsch dau, hascht deich schunn gericht.
Iwarall is Weihnacht, freien eich,
schallt it durch de Luft, äm Littchin gleich.

Iwarall is Weihnacht, freien eich,
schallt it durch de Luft, äm Littchin gleich.
Wat mia gemach foa ana Leit, ist gemach foa deich,
dónn wääs jeda't Chrischtkindchin, it kimmt ach foa maich.
Iwarall is Weihnacht, freien eich,
schallt it durch de Luft, äm Littchin gleich.

Musik: Volksweise aus Italien, 18. Jhd.
Originaltext: Johannes Daniel Falk, Heinrich Holzschuher 1816

O du fröhliche

O du fröhliche, O du selige,
gnadenbringende Weihnachtszeit!
Welt ging verloren, Christ ward geboren:
Freue, freue dich, O Christenheit!

O du fröhliche, O du selige,
gnadenbringende Weihnachtszeit!
Christ ist erschienen, uns zu versühnen:
Freue, freue dich, O Christenheit!

O du fröhliche, O du selige,
gnadenbringende Weihnachtszeit!
Himmlische Heere jauchzen dir Ehre:
Freue, freue dich, O Christenheit!

O dau bischt so freelich

Oh dau bischt so freelich, oh dau bischt so selisch,
Gnaad bringscht dau uus, oh Weihnachtszeit!
Welt uus valoa ging, Chrischt uus geboa gin:
freien eich, freien eich ia Chrischten all!

Oh dau bischt so freelich, oh dau bischt so selisch,
Gnaad bringscht dau uus, oh Weihnachtszeit!
Da Chrisch will uus sòòn, dat mia uus vatròòn.
Freien eich, freien eich ia Chrischten all!

Oh dau bischt so freelich, o dau bischt so selisch,
Gnaad bringscht dau uus, oh Weihnachtszeit!
Engelscha im Himmel, singen froh un bimmeln:
Freien eich, freien eich ia Chrischten all!

Schlesisches Volkslied, 16. Jhd. Originaltext: Ernst Anschütz 1824

O Tannenbaum

O Tannenbaum, o Tannenbaum,
wie treu sind deine Blätter!
Du grünst nicht nur zur Sommerzeit,
nein, auch im Winter, wenn es schneit.
O Tannenbaum, o Tannenbaum,
wie treu sind deine Blätter!

O Tannenbaum, o Tannenbaum,
du kannst mir sehr gefallen!
Wie oft hat nicht zur Weihnachtszeit
ein Baum von dir mich hoch erfreut!
O Tannenbaum, o Tannenbaum,
du kannst mir sehr gefallen!

O Tannenbaum, o Tannenbaum,
dein Kleid will mich was lehren:
Die Hoffnung und Beständigkeit
gibt Trost und Kraft zu jeder Zeit,
o Tannenbaum, o Tannenbaum,
dein Kleid will mich was lehren.

Oh Tannenbòòm

Oh Tannenbòòm, oh Tannenbòòm,
it gònz Joa konnscht dau Griin tròòn,
dau strekscht de Nòòdeln, machscht deich weit
un waatscht druff, dat it ball schneit.
Oh Tannenbòòm, oh Tannenbòòm,
it gonz Joa konnscht dau Griin tròòn.

Oh Tannenbòòm, oh Tannenbòòm,
dau bischt so scheen, dass eich deich mòòn,
eich han meich iwa deich gefreit
un dat nit nua zua Weihnachtszeit.
Oh Tannenbòòm, oh Tannenbòòm,
dau bischt so scheen, dass eich deich mòòn.

Oh Tannenbòòm, oh Tannenbòòm,
dein Nòòdelkläd will mia wat sòòn.
Wat imma dò iss, gift uus Kraft,
un Hoffnung Troscht uus all vaschafft.
Oh Tannenbòòm, oh Tannenbòòm,
dein Nòòdelkläd will mia wat sòón.

Musik: Franz Xaver Gruber 1818, Österreich, Salzburg
Originaltext: Joseph Mohr

Stille Nacht, heilige Nacht

Stille Nacht! Heilige Nacht!
Alles schläft. Einsam wacht.
Nur das traute heilige Paar.
Holder Knab' im lockigten Haar.
Schlafe in himmlischer Ruh!
Schlafe in himmlischer Ruh!

Stille Nacht! Heilige Nacht!
Gottes Sohn! O! wie lacht.
Lieb' aus deinem göttlichen Mund,
da uns schlägt die rettende Stund'.
Jesus! in deiner Geburt!
Jesus! in deiner Geburt!

Stille Nacht! Heilige Nacht!
Hirten erst kundgemacht
durch der Engel „Halleluja!"
Tönt es laut aus fern und nah:
„Christ, der Retter, ist da!"
„Christ, der Retter, ist da!"

Stille Naat, häälisch Naat

Stille Naat, häälisch Naat,
alles schlòòft, ääna waat,
nua it häälisch Paar dò woa,
lout nòm Bou met dem lockisch Hoa,
schlòòft in himmlischa Rou,
schlòòft in himmlischa Rou.

Stille Naat, häälisch Naat,
lacht da Bou, Gottes Gnaad,
léjw met seinem gettlichen Mund,
dò schlaat uus de rettende Stund.
Chrischt in deina Gebuat,
Chrischt in deina Gebuat.

Stille Naat, häälisch Naat,
Hirten hanns uus gesaat.
Engel singen Halleluja lò,
teent it laut von weit und von nò.
Chrischt da Retta is dò,
Chrischt da Retta is dò.

Melodie: Norbert Hauner, Österreich 1777, Bearb. Michael Haydn 1790 Originaltext: Michael Denis 1774

Tauet, Himmel, den Gerechten!

"Tauet, Himmel, den Gerechten,
Wolken, regnet ihn herab!"
Rief das Volk in bangen Nächten,
dem Gott die Verheißung gab,
einst den Mittler selbst zu sehen
und zum Himmel einzugehen;
denn verschlossen war das Tor,
bis der Heiland trat hervor.

Voll Erbarmen hört das Flehen
Gott auf hohem Himmelsthron.
Alle Menschen sollen sehen
Gottes Heil in seinem Sohn:
Gottes Engel eilt hernieder,
kehrt mit dieser Antwort wieder:
"Sieh ich bin des Herren Magd,
mit gescheh wie du gesagt!"

Und das Wort ist Fleisch geworden
in Maria keusch und rein.
Offen stehn des Himmels Pforten,
Gott will unser Bruder sein.
Und Elisabeth voll Freude
grüßt die Hochgebenedeite;
selbst Johannes, den sie trägt,
wird vom Geiste froh erregt.

Tau uff Himmel den Gerechten!

„Tau uff Himmel den Gerechten!
Wolken reenen ihn uff uus",
hat it Volk gerouf in Nächten,
Gott hat voagesiin dat als Buuß,
selwa louen Gott im Himmel,
una hälischen Gebimmel,
zougesperrt foa uus dat Doa,
bis da Hälònd stett davoa.

Volla Mitlääd hat dat Flehen
Gott gehaet uff seinem Thron.
All die Leit soll'n jetzt hingehen,
gin gehäält durch Gottes Sohn.
Schickt de Engel zu uus runna,
soll vazeelen von dem Wunna.
Lou, eich bin em Herrn sein Maat,
it passiat wie ea gesaat."

Sein Wort is dò fruchtbar woa gin
in Maria fromm un rein.
Himmelsdiiren jetzt dò uff sin,
Gott will uus als Brouda weihn.
Tante Lisbeth hat voll Frääd
gratuliat gònz ohne Lääd.
Woa in Umstänn selwa aach,
mem Johannes, it freit seich aach.

Musik: Volksweise aus Österreich, Salzburger Land, 19. Jhd.
Originaltext: Georg Götsch

Still, still, still

Still, still, still,
weil's Kindlein schlafen will!
Maria tut es niedersingen,
ihre keusche Brust darbringen.
Still, still, still,
weil's Kindlein schlafen will!

Schlaf, schlaf, schlaf,
mein liebes Kindlein, schlaf!
Die Engel tun schön musizieren,
vor dem Kindlein jubilieren.
Schlaf, schlaf, schlaf,
mein liebes Kindlein, schlaf!

Groß, groß, groß,
die Lieb' ist übergroß.
Gott hat den Himmelsthron verlassen
und muß reisen auf den Straßen.
Groß, groß, groß,
die Lieb' ist übergroß.

Rou, Rou, Rou

Rou, Rou, Rou,
denn schlòòfen will da Bou!
Maria ihn in de Schlòòf will singen.
Met vill Lejf ia Bruscht òònbringen.
Rou, Rou, Rou,
denn schlòòfen will da Bou!

Schlòòf, schlòòf, schlòòf,
mein lejf klän Kindchin schlòòf!
De Engeln duun scheen Mussick machen,
stehn òm Krippchin un duun lachen.
Schlòòf, schlòòf, schlòòf,
mein lejf klän Kindchin schlòòf!

Groß, groß, groß,
de Lejf is iwagroß!
Gott is vom Himmelsthron lò heakumm,
unaweeschs gònz scheen dò rum kumm.
Groß, groß, groß,
de Lejf is iwagroß!

Musik und Originaltext: Anton Reidinger 1884, Österreich, Tirol
Originaltext: Anton Reidinger 1884, Österreich, Tirol

Es wird scho glei dumpa

Es wird scho glei dumpa,
es wird scho glei Nacht,
drum kimm i zu dir her,
mei Heiland auf d'Wacht.
Will singa a Liadl,
dem Liebling dem kloan,
du mogst ja net schlafa,
i hear di scho woan.
Hei, hei hei hei, schlaf siaß, herzliabs Kind!

Vergiß jetzt, o Kinderl,
dein Kumma, dei Load,
daß du da mußt leidn
im Stall auf da Hoad.
Es ziem ja die Engerl
dei Liagerstatt aus,
möcht schöner nit sei drin
an König sei Haus.
Hei, hei hei hei, schlaf siaß, herzliabs Kind!

Ja Kinderl, du bist halt
im Kripperl so schen,
mi ziemt, i kann nimmer
da weg von dir gehn.
I wünsch dir von Herzen
die süaßte Ruah,
die Engerl vom Himmel,
die deckn di zua.
Hei, hei hei hei, schlaf siaß, herzliabs Kind!

Schließ zua deine Äugerl
in Ruh und in Fried,

und gib ma zum Abschied
dein Seg'n no grad mit!
Dann wird a mein Schlaferl
so sorgenlos sein,
dann kann i mi ruhig
aufs Niedalegn freun.
Hei, hei hei hei, schlaf siaß, herzliabs Kind!

It gift jò gleich dunkel

It gift jò gleich dunkel,
it gift jò gleich Naat.
Eich gehn bei de Häland,
weil dea uff meich waat.
Eich singen än Littchin,
dem Kindchin, dem Klään.
Dau konnscht sunscht nit schlòòfen
bis eich dò geween,
heija, heija, schlòòf scheen mein léjf Kind.

Vagess nua mein Kindchin
dein Kumma dein Lääd,
dass dau muscht so leijen
ohn Bux und ohn Klääd.
Die Engel die hallen
im Stall deich scheen waam,
nit waama än Keenisch
hat's met all sei'm Kram,
heija, heija, schlòòf scheen mein léjf Kind.

Oh Kindchin, dau leischt
in da Kripp jò so scheen.
Eich glaaw, eich kònn gar nimme
furt von dir gehn.
Eich winsch dia von Herzen
än gonz sejße Rou.
Vom Himmel die Engelscha
decken deich zou.
heija, heija, schlòòf scheen mein léjf Kind.

In Rou mach die Guckelcha
zou un in Fried
un gif mia zum Abschied
dein Sejen noch mit.
Dònn kònn eich aach schlòòfen

von Sorjen gònz frei,
dònn kònn eich meich hinleen
und froh sin dabei.
heija, heija, schlòòf scheen mein léjf Kind.

Musik und Originaltext: Trad. Volkslied aus Österreich,
19. Jhd., Verf. unbekannt Originaltext: Verfasser unbekannt

Heidschi Bumbeidschi

Aber heidschi bumbeidschi, schlaf lange,
es is ja dein Muatter ausganga;
sie is ja ausganga und kimmt neamer hoam
und laßt das kloan Biabele ganz alloan!
Aber heidschi bumbeidschi bum bum,
aber heidschi bumbeidschi bum bum.

Aber heidschi bumbeidschi, schlaf siaße,
die Engelen lassn di griaßn!
Sie lassn di griaßn und lassn di fragn,
ob du in' Himml spaziern willst fahrn.
Aber heidschi bumbeidschi bum bum,
aber heidschi bumbeidschi bum bum.

Aber heidschi bumbeidschi, in' Himmel,
da fahrt di a schneeweißer Schimml,
drauf sitzt a kloans Engei mit oaner Latern,
drein leicht' von' Himml der allerschenst Stern.
Aber heidschi bumbeidschi bum bum,
aber heidschi bumbeidschi bum bum.

Der Heidschi bumbeidschi is kumma
und hat ma mein Biable mitgnumma;
er hat ma's mitgnumma und hats neamer bracht,
drum winsch i mein' Biaberl a recht guate Nacht!
Aber heidschi bumbeidschi bum bum,
aber heidschi bumbeidschi bum bum.

Heidschi Bumbeidschi

Awa heidschi bumbeidschi schlòòf scheen lòng,
dein Mama die is jò schunn furt gòng;
se is uff de Schees un kimmt lòng noch nit hämm,
und lisst dat klään Bubbelschin gònz allään.
Awa heidschi bumbeidschi bum bum,
awa heidschi bumbeidschi bum bum.

Awa heidschi bumbeidschi schlòòf gònz sejß.
De Engelscha schicken dia scheen Grejß,
se lòssen deich grejßen und lossen deich fròòn,
ob dau willscht gehn hoch uff de Himmelsbòòn.
Awa heidschi bumbeidschi bum bum,
awa heidschi bumbeidschi bum bum.

Awa heidschi bumbeidschi em Himmel
dò fäat än schneeweißa Schimmel,
druff sitzt än klään Engel met äna Latern,
dò scheint dia vom Himmel da allescheenscht Stern.
Awa heidschi bumbeidschi bum bum,
awa heidschi bumbeidschi bum bum.

Da Heidschi bumbeidschi is kumm dònn,
hat's Bubschin geholl un is furt gòng,
er hat it gehòll un hat's nimme gebrung,
eich sòòn jetz gutt Naat, hònn dia'n Littchin gesung.
Awa heidschi bumbeidschi bum bum,
awa heidschi bumbeidschi bum bum.

Moselfränkische Übertragung des Liedes
„Es ist für uns eine Zeit angekommen"
Musik: Schweizer Sterndreherlied 19. Jahrhundert
Originaltext: Paul Hermann 1939

It is foa us än Zeit lòhea kumm

It is foa uus än Zeit lòhea kumm,
die macht us ään riesisch Frääd.
Iwa Felder volla Schnee
scheesen mia, scheesen mia
durch die weiß Welt volla Schnee.

Unam Eis schlóóft da Bach un da See.
In än dejfen Tròòm is da Wald gefall.
Fällt da Schnee leis aus da Hee
scheesen mia, scheesen mia
durch die weiß Welt volla Schnee.

Hoch òm Himmel dó glitzat em Stillen än Stern,
usa Herz is froh dabei,
unam Sternenschein im Schnee
scheesen mia, scheesen mia
durch die weiß Welt volla Schnee.

Bücher von Vera Hewener

Vermisstenanzeige. Gewidmet den ermordeten Juden des Naziregimes. Lyrik und Prosa. Vera Hewener. Libri BoD. Norderstedt 2000. ISBN 3-8311-0748-3. 2. erw. Auflage 2014. ISBN 978-3831107483.

Lichtflut. Reisenotizen. Lyrik und Prosa. Vera Hewener. Edition Calamus. Norderstedt 2001. ISBN 3-8311-1493-5. 2. erw. Auflage 2014. ISBN 987-3831114931.

Eine Neigung aus Blau. Gegenwartslyrik. Vera Hewener. Norderstedt 2002. ISBN 3.8311-3334-4. 2. Auflage 2014. ISBN 9783831133345.

Bist Himmel mir und tausend Feuerfunken. Gedichte. Vera Hewener. Mauer Verlag. Rottenburg a/N. 2003. ISBN 3-937008-46-2.

Verwirbelungen der Zeit. Vera Hewener. Lyrik mit Bildern von Carolin Isele. WiKu Éditions Paris E.U.R.L. Paris und WiKu Verlag KG Berlin 2005. ISBN 3-86553-203-9.

Es kommen andere Ewigkeiten. Gedichte. Vera Hewener. WiKu Édition Paris ISBN 2-84976-0188 WiKu Verlag 2007. ISBN 978-3-86553-189-6.

Himmelsstürme. Vera Hewener. Gedichte mit Fotografien. edition Wort Verlag Bitburg 2010. ISBN 978-3-936554-00-3.

Das Jahr: Dichtung in vier Sätzen. Vera Hewener. Gedichte mit Fotografien. BoD Books on Demand Norderstedt 2013. ISBN 978-3-7322-3168-3.

Zaubervolle Winterwelt. Gedichte, Geschichten, Notizen. Vera Hewener. Verlag BoD Books on Demand. Norderstedt 2014. ISBN 9783735761262.

Frühlingsserenade. Die schönsten Gedichte, Geschichten und Notizen zur Frühlingszeit. Vera Hewener. Verlag BoD Books on Demand. Norderstedt 2015. ISBN 978-37347-3140-2.

Die Blüte des Sommers. Sommeranthologie. Die schönsten Gedichte, Geschichten und Kalendernotizen. Vera Hewener. Verlag BoD Books on Demand. Norderstedt 2015. ISBN 978-3-7347-89540.

In der Saar schwimmen keine Krokodile. Gegenwartslyrik & Texte. Vera Hewener. Verlag BoD Books on Demand. Norderstedt 2015. ISBN 9783738635676.

Von Lorraine nach Aquitaine. Reisenotizen in Lyrik und Prosa. Vera Hewener. Verlag BoD Books on Demand. Norderstedt 2016. ISBN 9783741210860.

Du trocknest meine Tränen wieder. Religiöse Lyrik & Texte. Vera Hewener. Verlag BoD Books on Demand. Norderstedt 2016. ISBN 9783743113589.

Zaubervolle Jahreszeiten. Der Frühling. Vera Hewener. Verlag BoD Books on Demand. Norderstedt 2017. ISBN 9783743125117.

Aus meinem Federkiel. Magische Momente. Natur & Seele. Gedichte. Vera Hewener. Verlag BoD Books on Demand. Norderstedt 2017. ISBN 9783744870511.

Zaubervolle Jahreszeiten. Der Sommer. Vera Hewener. Verlag BoD Books on Demand. Norderstedt 2017. ISBN 9783744870993.

„Kerzen, Wunder, Himmels-Zunder". Vera Hewener. Lustige und besinnliche Geschichten und Gedichte zur Advents- und Weihnachtszeit. Verlag BOD Books on Demand. Norderstedt 2017. ISBN 9783744893824. 2. Ausgabe 2019. ISBN 9783738629682.

Die Jahreszeiten: Auslese. Gedichte. Vera Hewener. Verlag BOD Books on Demand. Norderstedt 2018. ISBN 9783738636017.

Werkausgabe Band I. Frühe Gedichte 1970-1999. Verlag BOD Books on Demand. Norderstedt 2018. ISBN-13: 9783746025292.

Kinder, Hund, Familienbund. Lustiges, Tierisches und Allzumenschliches in Lyrik und Prosa. Vera Hewener. Verlag BOD Books on Demand. Norderstedt 2018. ISBN 9783746056821.

Zaubervolle Jahreszeiten. Der Herbst. Vera Hewener. Verlag BoD Books on Demand. Norderstedt 2018. ISBN 9783752842135.

Christnacht, Glocken, Engelslocken. Gedichte und Geschichten zur Weihnacht. Vera Hewener. Verlag BoD Books on Demand. Norderstedt 2018. ISBN 9783748107637. 2. Ausgabe 2019. ISBN 9783741251641.

In der Saar feiern die Fische. Gegenwartslyrik & Szenen. Vera Hewener. Verlag BoD Books on Demand. Norderstedt 2019. ISBN 9783732237142. 2. Auflage 2020. ISBN 9783752810080.

Von Brandasund bis Nasholim. Reisegedichte, lyrische Ausflüge, Geschichten und Notizen. Vera Hewener. Verlag BoD Books on Demand. Norderstedt 2019. ISBN 9783732235841.

Tannen, Lobgesang, Weihnachtsklang. Gedichte, Geschichten, Liedtexte und Bühnenstücke zur Advents- und Weihnachtszeit. Vera Hewener. Verlag BoD Books on Demand. Norderstedt 2019. ISBN 9783750400030.

In der Saar tanzen die Schwäne. Gedichte, Geschichten & Szenen. Vera Hewener. Verlag BoD Books on Demand. Norderstedt 2020. ISBN 9783751921060.

Zaubervolle Weihnachtwelt. Geschichten, Gedichte, Stücke & Notizen zur Advents- und Weihnachtszeit. Vera Hewener. Verlag BoD Books on Demand. Norderstedt 2020. ISBN 9783752606409